W0470743

DREI SCHRITTE NACH RUSSLAND

IRINA LIEBMANN

DREI SCHRITTE NACH RUSSLAND

ERZÄHLUNG

BERLIN VERLAG

Die Russen. Siebzig Jahre lang eingeschlossen, abgesperrt, beinahe vergessen.
Von uns jedenfalls beinahe vergessen. Ich weiß es genau, es war mir nicht angenehm, dass wir im Osten Deutschlands manchmal über sie sprachen, als ob es sie kaum noch gibt: »Bei denen.«
»Bei denen ist es natürlich noch schlechter.«
Es hatte so zu sein, dass es ihnen schlechter ging als uns, wir hatten uns angewöhnt, so zu denken, wir haben nie wirklich nach ihnen gefragt.
Wir blickten nach Westen.
Und jetzt?
Was Westen war, hat seine Leuchtkraft verloren.
Aber angenehm ist es im Westen noch. Ich sitze in einer großen Wohnung, seit acht Wochen ist Winter mit Schnee und mit Eis wie niemals zuvor, und doch sind die Geschäfte voller Waren und die Heizung warm, nur die Zahlen auf meinem Bankkonto muss ich im Auge behalten, diese Zahlen sind der Kilometerzähler meines Lebens geworden, und nicht meines alleine, denn schon sitzen alle Regierungen Tag und Nacht zusammen und reden über nichts anderes als die Zahlen auf ihren eigenen Kilometerzählern, wir können abstürzen, rufen sie, abstürzen, ins Meer fallen, in ein Meer der wertlosen Scheine, die kein Konto wahrnehmen wird, keinen Meter wird es mehr anzeigen als zuvor, keine Zahl dafür in die Höhe treiben, wir fallen, wir fallen – und die da, die Russen? Die sehen zu.
Sollen wir zu ihnen blicken? In ihre Richtung?

Was ist denn dort? Was?

Und was waren das für Jahre, die letzten zwanzig? Was war das für ein Glanz, dem wir nachliefen? War es überhaupt Licht? War es Glitzerkram?

Haben wir einen Fehler gemacht?

Wann? Warum? Was ist geschehen?

Diese Frage muss man in Russland nicht stellen. In Russland springt sie einem von jedem Büchertisch entgegen, an jedem Zeitungskiosk brüllen sie regelrecht, diese Schlagzeilen:

Wann? Warum? Was ist geschehen?

Was ist mit uns geschehen?

– Mussten wir das sein?! Die Vogelscheuche unter den Völkern?!
– Wir haben euch geliebt.
– Wer?
– Unsere Kindergartengruppe zum Beispiel. Wir haben russische Tänze geübt.
– Na wunderbar, ich sage es ja! Vogelscheuche unter den Völkern! Und das sind wir immer noch!

Gespräch in einer Moskauer Küche. Diese Küche ist so klein, dass gerade mal ein winziges Tischchen mit zwei Hockern hineinpasst und ein Hängeschrank über dem Abwaschtisch.
Direkt unter dem Küchenfenster stehen Bäume, Schnee auf den Ästen, ein Kiosk, die Sonne scheint. Minus 14 Grad.
Die Heizkörper der Wohnung haben keine Ventile, im zentralen Heizwerk wissen sie schon, wie kalt es ist, und schicken genau die Wärme, die gebraucht wird, die bullige Wärme hier in der Küche kostet fast nichts.
– Gas haben wir genug! Wir sind Gas!
Sie lacht, meine Wirtin. Kein gutes Lachen ist das.
– Und verschone mich mit der Vergangenheit. Ich bin eine erwachsene Frau, weißt du, ich habe genug erlebt. Ich spare jetzt meine Kräfte.

Ich bin auch eine erwachsene Frau, ich trinke Tee und überlege, was ich sagen kann, um meine Bekannte zu trösten, zu verblüffen.

Das Sportstadion an der Berliner Chausseestraße fällt mir ein, wie ich dort als Kind erlebte, dass riesiger Jubel ausbrach, als es aus den Lautsprechern tönte, dass die Delegation der Sowjetunion die Aschenbahn betreten hat: »... begrüßen wir die Vertreter des ersten sozialistischen Staates der Erde!«, und mit ihren roten Fahnen kamen lachend und singend unendlich viele junge Frauen und Männer in weißer Kleidung, ja, weißer Kleidung gelaufen.

Da lief sie, da unten, die Weltmacht meiner Kindheit, Garant des Friedens, so hat sie sich selber bezeichnet, und besonders wir sollten sie so nennen, wir, die Kinder im Osten Deutschlands. Aber auch die übrige Welt führte ihre Losungen immerzu im Munde, ihre Abrüstungsinitiativen, ihre Führer, ihre Raketen, ihre Filme und ihre Sportler natürlich.

In meiner Erinnerung sehe ich sie wieder und wieder auf die Siegertreppchen steigen, junge Leute mit drei halbrunden Kreisen auf der Brust und dem großen P: CCCP!

Und ihre Fahne wird hochgezogen, die rote, mit Hammer und Sichel, und die Hymne erklingt, ihre Hymne, die ganz große Opernmusik:

»Von Russland, dem großen, auf ewig verbündet, steht machtvoll der Volksrepubliken Bastion!

Es lebe, vom Willen der Völker gegründet, die einig und mächtige Sowjetunion!«

– Ihr singt sie immer noch, stimmt's?

– Nein.

Doch, doch. Sie singen sie noch, und sie singen sie auch nicht. Der Text ist geändert. Und die Kremltürme auf dem Roten Platz tragen den zaristischen Doppeladler und sie tragen ihn

auch nicht – denn vom höchsten und wichtigsten Turm blitzt wie immer der rote Stern.
Ob er auch immer noch leuchtet nachts? Wie früher, als ich ein Kind war, auf der Durchreise in Moskau?

Wir sind hier in Moskau. Die Wohnung gehört einer Frau, die oft auch nach Deutschland kommt, und schon hier, in der Winzigkeit des Raumes und der Heftigkeit des Gefühls ist die ganze Entfernung zu spüren, die zwischen uns liegt.
Zwei Frauen in Moskau. Denn sie wird dort bleiben, sie lebt dort, es ist ihr Land, und sie will auch kein anderes, und ich weiß für alles eine andere Variante: Einen besseren Küchentisch, einen besseren Abwaschschrank, der Kiosk da draußen müsste gestrichen werden – zwei Planeten sind wir, die sich schon lange nicht mehr berühren, sehr lange schon.

Der Leser kann es nicht wissen und ich hatte es vergessen, aber ich bin einmal ein sowjetisches Kind gewesen. Ein Moskauer Kind. Nur kurz, ganz am Anfang des Lebens nur, aber der Anfang ist wichtig bei jeder Geschichte, und mein Anfang war eben dort, dort im Sowjetreich, in seiner Hauptstadt sogar, und so was vergisst man nicht.

Ganz im Gegenteil. Sei stolz darauf, hieß es öfter, sag nichts davon, hieß es auch, das kannst du vergessen, so hieß es zuletzt, und das sagte ich mir dann selber – vergiss es.

Es bedeutet nichts. Gar nichts. Es ist nur ein Wort: geboren in Moskau. Na und?

Die Geschichte, die dahintersteht, ist die Geschichte meiner Eltern. Meine Geschichte dagegen hat dort nur begonnen, nichts weiter.

Allerdings gehört es zu dieser Geschichte, dass ich Russisch sprechen konnte und russische Kinderbücher geschenkt bekam und dass mir Schleifen ins Haar gebunden wurden von meiner Mutter, die ich auf Russisch, mit russischem Klang eben, Mama nannte.

Es gehört auch dazu, dass meine Mutter mit mir und meiner Schwester wochenlang durch die Sowjetunion fuhr, um ihre eigene Mutter zu besuchen und die eigene Schwester.

Das war in Sibirien, dort wohnten die, und es waren die ersten Jahre nach dem Ende des Krieges, als sie es schaffte, nach Hause zu fahren mit uns und dann wieder zurück nach Berlin, wo mein Vater schon wartete, mehr Familie hatten wir nicht.

Berlin war die Stadt, wo wir hingehörten, daran bestand nie ein Zweifel.
Die Reisen damals in dieser Nachkriegszeit dauerten lange, und nie werde ich die stundenlangen Wartezeiten der Züge auf allen Bahnhöfen der Sowjetunion vergessen, die an der Strecke liegen, ihre klingenden Namen beim Einschlafen manchmal auf der Schlafwagenpritsche, oder beim Anhalten, mitten in der Nacht: SWERDLOWSK, OMSK, NOWOSIBIRSK, ULAN-UDE.
Diese Bahnhöfe – sie waren wie Ameisenhaufen, schwarz vor Menschen, die überall saßen, lagen, schliefen, manche mit leeren Augenhöhlen oder Beinstümpfen, an die ein Holzstiel gebunden war, und so viele in Lumpen. Ihre Not, ihre Hast, ihre Ratlosigkeit – das war der Krieg. Aber einmal sprang ein Mann in unseren Waggon, als der Zug grade abfuhr, dieser Mann war »ohne Dokumente«. Er stand auf der Plattform ohne Gepäck, aufatmend, als die Räder unter ihm rollten, immer schneller rollten, und so angstvoll und so erleichtert zugleich sah er dem Schaffner fest in die Augen – lange.

Es war Zufall, dass ich dabei war und dann beobachten konnte, dass er den Schaffner mit seinen Augen bezwungen hat, und der ließ ihn mitfahren, einfach so, »ohne Dokumente«, diese sagenhaften »Dokumente«, ohne die ein Mensch hier ein Nichts war, ein Bündel von Angst, ja, das konnte man sehen.
Das war nicht der Krieg, aber darüber sagte meine Mutter nur: »Er hat sie verloren. Komm rein ins Coupé.«

So eine Reise nach Sibirien war nicht nur weit, sie war auch teuer. Schon bald konnten meine Eltern das Geld dafür nicht mehr aufbringen, und diese Reisen und die Sowjetunion überhaupt entfernten sich schnell aus unserem Leben. Die Großmutter starb, die Tante besuchte uns nun in Deutschland, und im Jahr 1983 war ich selber das letzte Mal dort, zu Besuch bei ihr, weit hinter dem Baikalsee, in einer Ein-Zimmer-Neubauwohnung, die man ihr zugeteilt hatte.

Im Sommer war es gewesen, alle Parks hatten Zäune aus geformten Betonteilen, alle Autobusse zerschlissene Sitzpolster, und nach dem Regen standen die Straßen im Zentrum der Stadt voller Wasser, denn es gab kein Gullysystem. Mit durchweichten Schuhen wateten wir nach Hause, und da ich das alles fortgesetzt unfreundlich kommentierte, schimpfte meine Tante unaufhörlich auf mich ein und wollte mich auch nicht mehr zum Flughafen bringen am letzten Tag.
Aber vielleicht wollte sie auch nur zu Hause bleiben, weil er so früh am Morgen angesetzt war, der Abflug nach Moskau.
Wir Passagiere standen dann nach zehn Stunden immer noch dort, mal im Freien, mal wieder im Wartesaal, wo es kaum etwas zum Essen oder zum Trinken gab.
Damals dachte ich, ich müsste für immer dort bleiben, käme nie mehr zurück nach Europa, und als ich zurück war, dachte ich, ich fahre nie mehr dorthin.

Und nun? Ich bin wieder gefahren.
Ich wollte wissen, was Russland ist. Ich kannte nur
die Sowjetunion.

1

»....und als ich an die Grenze kam, da fühlt ich ein stärkeres Klopfen in meiner Brust, ich glaube sogar, die Augen begunnen zu tropfen....« War es so? Nein.
Ich hatte Angst.

Alles hatte ich bedacht, Geld, Adressen, Interessen, nicht reich wollte ich aussehen, um nicht überfallen zu werden, nicht auffallend und schon gar nicht zu hübsch, und dann saß ich im Flughafen-Warteraum hinter der Passkontrolle und neben mir saß ein junges Mädchen, das reich, auffallend und hübsch aussah, und es las in einem russischen Buch.
Warum nun war das wie ein Gongschlag für mich?
Weil ich auch einmal in solchen Büchern gelesen hatte, als Kind, und das völlig vergessen hatte?
Still und schön saß sie da, wartete auf ihr Moskau in etwa zwei Stunden und las ihr Buch.
Ihr Buch mit der fremden Schrift, der Schrift, die hier niemand mitlesen konnte, die ein Brett vor dem Kopf war für alle, je weiter nach Westen sie kam, umso doller, aber ich, ich war doch in Moskau geboren, meine Mutter war Russin gewesen, ich konnte auch Russisch lesen, und ich las: »WIE SIE EINEN MANN BEHANDELN MÜSSEN, DAMIT ER SIE EWIG LIEBT.«
Das las sie. Ewige Liebe war also das Erste, was mir begegnete auf meinem Weg nach Moskau.

So begann eine Reise, die ich oft genug abbrechen wollte, abhauen, zurückfahren – Schluss, aus, Ende, vorbei!, und die ich sofort wiederholen möchte.

Was hatte ich gesucht? Was hatte ich gefunden? Und warum hatte ich so viel Angst?

*

Ich war nicht die Einzige, die sich fürchtete.
»Na, du bist ja mutig!«, hatten Freunde gesagt, und: »Hast du dir das gut überlegt?«, und: »Für Geld machen die alles, weißt du das auch?«, und: »Du musst eine Spur legen, dass wir dich finden. Ein Handy wenigstens, das tickt noch im Wald irgendwo.«

Ich fühlte mich wie damals, als ich aus Ostberlin kommend zum ersten Mal im Leben meine Schritte auf Westberliner Straßenpflaster setzte. Es war am S-Bahnhof Savignyplatz. Ich stieg aus der Bahn, lief vorsichtig die Bahnhofstreppen hinunter, und dann – eine Straße.
Links oder rechts, wie wollte ich laufen? Von jeder Seite konnten Verbrecher kommen, wir wussten doch, was hier los war, es stand ja täglich bei uns in der Zeitung, bei uns im Osten, zwei Richtungen also, einer musste ich den Rücken zuwenden, ich musste jetzt weiterlaufen!
Mit Hohlkreuz und klopfendem Herzen lief ich die zehn Schritte in die Bleibtreustraße hinein. Gerettet erst mal, so kam es mir vor, dort liefen ja Menschen. Immerhin Menschen, wenn auch Westler, sie gingen so schnell.
Zwanzig Jahre später dasselbe in Moskau. Schon wieder reinge-

fallen, schon wieder den Gruselmärchen geglaubt. Ich schämte mich, aber die Angst ging davon nicht weg, es war ja geschehen, ich hatte den Schritt getan und befand mich bereits auf russischem Boden:
– Ihre Dokumente bitte!

Kaum war ich durch, rannten aus allen Richtungen ärmliche Männer auf mich zu, aber das waren Taxifahrer. Ich hatte meine Taxe jedoch schon bestellt, und da stand sie und fuhr mich nach Moskau hinein.
Sonne schien, der Fahrer hatte sein Radio eingeschaltet, die ersten russischen Schlager schwappten mir entgegen, eine lustige, junge Männerstimme wollte, dass wir alle anrufen und unsere schönsten Erlebnisse in diesem Frühling erzählen, damit die ganze Heimat davon erfährt. Das war das Zweite, was aus einer vergessenen Welt mich erreichte: Heimat.
Im Innern nennt Russland sich »Heimat«. Russland will Heimat sein.

Draußen Birkenwald, staubig vom Winter noch, und Chaussee, dann Neubauten, Neubauten, Neubauten, funkelnde Kirchenkuppeln dazwischen und Stau.
Lange stand oder fuhr ein Lastwagen neben uns, dessen Fahrer seine Tür halb geöffnet hatte, eine Hand mit Zigarette lässig raushängen ließ, ein Bein auch, und überhaupt wie Yves Montand aussah, in seinen besten Rollen. Immer wieder baumelte lässig sein linkes Bein neben uns in der Höhe der Fahrerkabine, lustig im Grunde, doch langsam stieg Ärger auf über die schlechte Luft ringsherum und unser Tempo. Drei Stunden – dann war ich da.

Aber diese Tür? Dieser Eingang?
– Ein Irrtum, ich rief den Taxifahrer zurück, das muss ein Irrtum sein.
– Wieso? Sie sind da.
Steigt ein und fährt ab, ich allein mit der Tür, diesem Tor. Ich davor. Da geh ich nicht rein. Da geh ich nie rein. Niemals.
Ja, warum denn, was war denn geschehen?

Es war ein ganz gewöhnlicher Eingang, einer von sechs in einem Häuserblock, aber jetzt eben meiner. Und ich sah es, es war eine Pforte.
Nicht jede Tür ist eine Pforte im magischen Sinne.
Ein Schritt nur, und von da an ticken die Uhren anders, deine Gefühle auch, und die klopften mir wirklich schon in den Ohren – in solch ein Haus geh ich nicht, nein!
In so ein Haus will ich nicht rein!

Erstens die Treppchen aus altem Beton, zweitens rechts und links diese Mulden für Blumen, voll Staub und voll Dreck, drittens keine Klinke und keine Klingeln, dafür viertens ein Viereck mit Zahlen, und die ganze Tür mit Blech vernagelt und Zettel klebten darauf.
Drinnen würde es so weitergehen, es ist ja nicht so, dass ich solche Eingänge noch niemals betreten hätte in der Welt, in den Vereinigten Staaten zumal, drinnen würde auch alles aus blankem Beton sein, Briefkästen zerbeult, Wohnungstüren – ach, eine Pforte, es war eine Pforte.
Ich war angekommen.

Und wie oft habe ich von jetzt an dort in Russland auf die Uhr gesehen, mein Handy befühlt, ob es noch Strom hat und Geld, und ob ich es schaffe, noch rechtzeitig dort zu sein, irgendwo, wieder vor solch einer Tür, um telefonisch mich zu versichern, dass oben in diesem Block irgendwo auch jemand anwesend ist, mir den Code mitzuteilen, diese Zahlenkombination, die ich drücken muss, damit es klingelt, irgendwo dort im elften oder im achten Stock, und der Summer ertönt, und ich bin wenigstens schon einmal drin in dem Haus, wo aber an den Türen auch keine Namen stehen, nur Zahlen, aber manchmal auch die nicht, ja – drinnen bin ich auch nicht viel schlauer als draußen, der Mensch muss kommen, der Mensch, warmer Mensch, lachender Mensch, mit ausgebreiteten Armen ein Mensch, dann ist alles gut. Alles gut.

Drinnen und draußen. So war es früher, in der Sowjetunion. So ist das gebaut.
Zwar ließen sich damals die Haustüren einfacher öffnen, die magischen Zahlenquadrate sind neu, und doch ist das Drinnen und Draußen geblieben, diese Verlassenheit eines Fremden, solange er diese ausgebreiteten Arme nicht gefunden hat.
Das Dumme war diesmal – der Mensch, der dann kam, war schon einer von heute. Cool. Und eigentlich geht das nicht. Die russische Seele und Herzlichkeit ist verpflichtet seit urtümlich langer Zeit, das abzufedern, was sie zusammengebaut hat, und jetzt rutschte das auseinander.
So blieb ich auch drinnen – draußen.

Das war ein Schmerz. Auf einmal spürte ich, was ich erwartet hatte und dass ich hier keine Verwandten habe und keine

Freunde und niemand kennt mich, hier, wo aus jedem Radio die klingende russische Sprache kam, von klingenden Stimmen gesprochen, und jedes zweite Wort selbst eines Nachrichtenkommentators »Liebe« war, »Liebe« und »Heimat«, »Heimat« und »Liebe«, das merkten die gar nicht, das schwamm da so mit!

Eine schöne Wohnung: Balkon, Küche, Bad und ein Zimmer, tausend Bücher drin, Fernsehen und Telefon. Die Möbel aus Mahagoni, poliert und alt – gediegenes Europa für mich hier, in Moskau, hier wollt ich doch sein?
Ja, hier wollte ich sein.
Ich wollte wissen, wie das gehen kann: Gestern noch Kommunismus aufbauen, zu jedem »Genosse« sagen, und heute ist nichts davon wahr.
Jetzt aber, angekommen in dieser Wohnung, dachte ich an meine Mutter. Ich dachte daran, dass sie vor vier Monaten erst gestorben war und dass ich jetzt hier bin.
Ich war also deswegen hergefahren. Ganz klar. Und was nun? Was sollte ich hier?
Forschen.
Wie war die Frage gewesen? Erst siebzig Jahre lang »Genosse« sein, aller von allen, und dann »Herr« sagen, »Herr« und »Sie«. Aber nein, »Sie« sagten die sowjetischen Genossen zueinander auch. »Sie, Genosse, machen Sie mal Platz da, die anderen wollen auch noch was kaufen, Sie sind nicht allein auf der Welt!« – Und heute: »Mein Herr, wenn Sie kein Geld haben, was stehen Sie hier herum vor dem Ladentisch?«
Wie kriegen sie das gebacken, die Russen?
Und die Verkleinerung ihres Landes, ohne Krieg, nach dem Krieg, nach dem Sieg sogar, und die Verachtung der früheren

Brudervölker, und die Wahrheiten plötzlich von allen Seiten, die entsetzlichen und immer bestrittenen Verbrechen, und den Absturz als Weltmacht, als ein Land, das sich doch nur ein Mal räuspern musste, und die ganze Welt starrte hin und berichtete: »Moskau hat gesagt!«
Wie werden sie damit fertig? Das war meine Frage gewesen.
Die Antwort ist kurz: gar nicht.
Sie kriegen es gar nicht hin. Wie aber auch?
Russland ist heute in einer ähnlichen Lage wie Deutschland nach dem verlorenen Krieg 1918. Und schlimmer vielleicht. Hier ist alles weg. Die Helden, das Reich, die Idee davon – das war in Deutschland genauso. Dazu noch die Not und der Hohn über die Ideale von gestern, und daraus folgt Scham oder Nichtverstehen, auch das war ähnlich in Deutschland, aber hier, hier hatten sie noch eine Menschheitsidee installiert und den Glauben daran und den Glauben, dass sie sie getragen haben. Vorangetragen.

Heute hört sich das anders an. »Verbrechertum«, sagen die einen. Das sind die meisten.
»Wir waren Sklaven.«
Aber von einer alten Kommunistin aus dem Ruhrgebiet hörte ich es auch anders: »Ach die. Das sind doch die, die alles verdorben haben.«
Und was sagen die Russen dazu? Sie schweigen.
Nichts hört man von ihnen, genauer gesagt: Ich habe nichts gehört.
Auch deswegen war ich losgefahren. Dieses Verstummen!
Ein geradezu dröhnendes Verstummen seit zwanzig Jahren.

Draußen brummte Moskau. Wollte es etwas sagen dazu?
Diese Sprache verstehe ich nicht, das Dröhnen der Autos und Fahrstühle auch, das Summen der technischen Haushaltsgeräte, der Türklingeln und Telefone. Eine Stadt eben, eine große Stadt. Ich ging raus aus der Wohnung. Ging raus.
Und als ich die Straße betrat, zum ersten Mal seit Jahrzehnten in Russland, aber damals hieß das hier Sowjetunion, und ich war nun zum ersten Mal auch alleine hier, da lief ich an den üblichen niedrigen Neubaublöcken entlang, die längst nicht mehr neu sind, sondern schäbig dastehen, Balkone verrostet, auf mäandernden Wegen an Bäumen vorbei und Kinderschaukeln, und alle Menschen, die mir entgegenkamen, schienen verwundet, versehrt und müde. In dunklen Kleidern und ernst, erschreckend ernst. Das war die erste Minute, dieses Bild, dann nie wieder.
Später waren sie verschieden – jung und alt, Mann und Frau, arm und reich, heiter auch, aber die erste Minute war anders und sie war unvergesslich.
Ich erschrak.
Damals erschrak ich, lief schneller, sah zu Boden, sah nach den Häusern, den Ladengeschäften. Wie eigentlich nur im Traume manchmal war es ein Strom Entgegenkommender, den ich sah, alle schienen in eine Richtung zu laufen, und darum zweifelte ich später an diesem Bild.
Jedoch, es war ein Freitagabend, und die Richtung, aus der sie kamen, das war eine Metro-Station. Es wird so gewesen sein.

So gegen den Strom laufend, geriet ich zuerst auf eine schmale Straße mit Läden, an Bänken vorbei, auf denen Männer lagen, schwarze, schlafende Haufen, dann weiter zur Metro-Station,

die hier aber von einem Einkaufscenter verstellt war, und vor diesem Einkaufscenter stand eine große Bronzefigur und wies mit erhobenem Arm nach vorne.
Ich betrachtete sie, und nur ganz langsam fiel mir das passende Wort dazu ein: »Zukunft!«
Früher im Osten einmal hat diese Geste »Zukunft« bedeutet: »Vorwärts, dort ist die Zukunft!«
Merkwürdige Begegnung, zumal der Bronzemann einen Deutschen darstellen sollte: Ernst Thälmann, den Kommunisten.
Er stand da neben dem U-Bahn-Eingang und zeigte jetzt einfach nur auf die breite Chaussee, vor der er aufgestellt war. Leningrader Prospekt.

Ich kaufte das Nötigste zum Essen ein, es gab genügend Geschäfte dafür am Weg, Kioske auch und Buden am Straßenrand, und lief eilig zurück.
Die Männer auf den Bänken schliefen immer noch, und da waren es keine Junkies oder Betrunkene, sondern Löwen! Etwas breitgeflossene schwarze Löwen, die als Figuren die Bänke drapierten, und mir nun auch eher wie Robben erschienen.
Am nächsten Tag allerdings lagen schlafende Männer auf den Löwen.
Von da an fühlte ich mich veralbert und sah nicht mehr hin.
Mir doch egal – Löwen, Robben oder Betrunkene, was soll's?!
Niemand sah hin. Wie bei uns in Berlin.
Wie bei uns waren das Unsichtbare.

*

So etwa die Ankunft. Und dann ist noch zu erzählen, dass ich die Fernsehnachrichten suchte und Werbung fand, sie sprang mich an sozusagen, in lautesten Tönen: »VANISH!!! ICH BIN IHR NEUES VANISH!«, und: »BAUMARKT, GEHNSE ZUM BAUMARKT, WIR WARTEN AUF SIE!!!«, und da guckte auch OBI ins Bild. Aber irrte ich mich – hatten die bereits darauf verzichtet, ihre drei Buchstaben ins Kyrillische zu übertragen? Benutzten sie sich als Begriff? Hieroglyphe? »OBI? – OBI! – ALLES OBI!!« Lateinisch also, Latein?
Latein ist der Westen, die neue Zeit, Latein ist das Internet. Verstehen kann man's, nach so langer Zeit hinter Grenzen, denn dieses kyrillische Alphabet ist ja auch eine Grenze, und was für eine! Wer von Westen kommt, kann hier kein Wort lesen, und als sie noch revolutionär dachten, in Moskau, da wollten sie das ja auch abschaffen, später dann nicht mehr, dann ist es geblieben.
Nun war der Kampf wieder voll im Gange, so schien es, Latein! Latein kam jetzt nicht mehr von Lenin, sondern von OBI. Und wie! Mitten in Moskau, auf meinen Küchentisch, krachten Putzmittel, Putzmittel, Putzmittel, und Baustoffe, Baustoffe, Baustoffe. »KÄRCHER!!!« »KÄRCHER!!!« Ich kann mich nicht erinnern, in Deutschland so angebrüllt worden zu sein. Das war hier die härtere Gangart von Werbung und »KÄRCHER« wohl ein Wort, das jeder Russe im Schlaf kannte inzwischen, und erst irgendwann spät in der Nacht fand ich die Nachrichten. Das Fernsehen zeigte uns unter anderem einen schlecht beleuchteten Hauseingang, vor dem irgendein wichtiger Mann erschossen worden war, das kam hier öfter vor, wie ich erfuhr, nur eben nicht, was ich hören wollte.
Denn in Deutschland war seit Tagen eine neue Pest die Spit-

zenmeldung gewesen, eine Pest, die sich weltweit ausbreitete, halbstündlich wurde die Zahl der Toten angesagt, an Flughäfen waren Wärmemelder installiert, um Menschen mit erhöhter Körpertemperatur aus der Menge herauszusammeln und festzuhalten, es warteten Menschen in Schutzanzügen auf die Infizierten – die Krankheit hieß Schweinegrippe. In der Logik der Sache war mit Quarantänelagern zu rechnen und geschlossenen Grenzen, und darum wollte ich dringend wissen, wie das nun weiterging – nichts.
Nicht am Abend und nicht in der Nacht. Keine Pest hier und heute. Nur die hell erleuchteten Fenster in den Häuserblöcken ringsrum.

*

Morgens schien die Sonne mir auf das Kopfkissen. Ich war in Moskau! Spontane Freude. Wie das denn, warum?!
Die Vermieterin kam wegen der Anmeldung und brachte auch Haferflocken mit.
– Da bitte!
Sie stellte die Schachtel mit Wucht auf den Tisch. Von Berlin aus hatte ich nachgefragt, ob es in Moskau Haferflocken zu kaufen gibt.
Hatte sie es als Kritik empfunden? Als eine erste Frage nach den Unzulänglichkeiten in Russland? Dabei wollte ich meine gesunde Lebensweise hier fortsetzen, weiter gar nichts.
Aber das war meiner Wirtin vollkommen klar. Sie war häufig in Deutschland.
– Das Theater mit dem Essen bei euch! Meine Güte!
Ja, darum hatte ich ja gefragt, weil ich dachte, hier sei das nicht

üblich, morgens Haferflockenbrei zu essen. Nein, es sei inzwischen genauso. Bei den jungen Leuten natürlich nur. Aber nicht so schlimm wie in Deutschland.

– Ihr habt ja immer nur Angst! Immerzu Angst, sagte sie, und rief laut in den Raum:

– Schweinegrippe!!

– Ach, euch macht das wohl gar nichts?

– Wir sterben auch, natürlich. Aber wir haben keine Angst.

– Warum?

– Russen haben keine Angst.

Was für ein markiger Satz. Und ich fürchtete mich schon hier im Treppenhaus, aber das sagte ich nicht. Fragte allerdings, warum die Häuser ringsherum hier alle so – hm – na, so aussehen eben. Zumal sie doch erzählt hatte, dass diese Wohnung hier ihr Eigentum wäre. Alle im Hause wären erst Mieter gewesen, und dann, als der Staat sich verabschiedet hat, weil es nichts geworden war mit dem Sozialismus, konnte, wer wollte, seine Wohnung gegen wenig Geld als Eigentum übernehmen.

Es war ein Abschiedsgeschenk sozusagen, ein Trostpreis, und nun – warum sah es so aus?

Kopfschütteln auf meine Frage:

– Es ist eben so. Es war immer so. Wir sind hier nicht in Deutschland.

– Aber damals, vor 25 Jahren, da sah es doch besser aus.

– Ja, da war es noch neu.

– Aber man kann es doch wieder erneuern.

– Wer soll das tun? Niemand hat Geld.

Und wiederum würde sie nirgendwo anders leben wollen, schon gar nicht in Deutschland.

– Warum?
– Darum. Hier ist die Heimat.
Eine Pause entstand, und dann machte sie es ganz klar:
– Du denkst wohl, wir wollen zu euch?!

Nun sprachen wir über unsere Länder, Deutschland und Russland eben, und ich erfuhr, dass es vollkommen genüge, zwei Shirts und eine Hose einzupacken, wenn man von Moskau nach Deutschland fährt.
– Na und?
– Wie ihr euch anzieht!
Und wieder die Pause.
Da ist doch noch etwas, was sie verschweigt? Ja, wenn es sein muss, dann sagt sie es auch:
– Die Schönsten seid ihr ja nicht gerade.

Das hatte ich ganz vergessen: Russen sagen die Wahrheit. Wie oft hatte ich es mit meiner Mutter erlebt, meiner Tante, wenn sie mir hart etwas ins Gesicht sagten. Schrie man auf vor Schmerzen, war die Antwort nur:
– Was kann ich dafür, es ist die Wahrheit.

Die Wahrheit also.

Ja, wie sollte sie es anders ausdrücken?
– Die Frauen in Deutschland, sie sind eben, na ja. Sie haben es weiß Gott nötig, sich etwas besser anzuziehen. Eine Frau muss doch schön sein.
– Ach, das ist das Wichtigste an einer Frau?

Da hebt meine Wirtin nur eine Augenbraue als Antwort, und das soll wohl heißen, dass ich nicht viel verstehe vom Leben.

Die Russen können einen verwirren. Denn nicht genug der deutlichen Worte – als meine Wirtin die Wohnung verließ und ich mir den zweiten Kaffee hier kochte, in ihrer Wohnung, und herrlichste Sonne schien auf den Küchentisch, das Leben konnte beginnen, da ging ich nicht raus in die Stadt, überstürzt irgendwie, sondern drückte einfach den Einschalteknopf auf dem Fernsehgerät. Und wie gerufen stand auf dem Bildschirm das Wort: Modeurteil.

MODEURTEIL stand da geschrieben, es öffnete sich ein roter Samtvorhang, ein grell gekleideter Mann trat heraus, begrüßte das hohe Gericht und stellte eine Angeklagte vor: Tatjana.
– Tatjana, Ihre Tochter klagt Sie an, sich zu langweilig anzuziehen. So als wären Sie immer noch eine Werktätige aus der Sowjetzeit, eine Frau, die sich fürchtet, schön und verführerisch zu sein.
Wie vom Donner gerührt saß ich da und konnte nur noch den Kopf schütteln. Aber es war der Erste Kanal, der wichtigste Sender!
Tatjanas Tochter wurde jetzt landesweit übertragen, eine junge Frau in einem engen Kostüm, mir wär es zu eng gewesen, zu kurz der Rock, ich wär damit nicht auf die Straße gegangen in Berlin, sie aber hatte sich extra schick gemacht, man sah es, tatsächlich eine Frau aus dem Millionenheer der schönen russischen Frauen.
Originalton Tochter: Ich kann es nicht mehr sehen! Wenn sie einkauft, dann gleich drei T-Shirts auf einmal, möglichst billig,

und immer dasselbe, und die Haare trägt sie auch schon zwanzig Jahre so, dabei ist sie noch nicht alt, nein, sie könnte ganz anders sein, also ich frage mich wirklich – und nun laut an die Mutter gewandt: Was willst du noch in deinem Leben?!
Dreistigkeit einer Tochter.
Was danach kam, war aber noch ärger: Es trat eine Anwältin auf für die Angeklagte, eine Anwältin auch für die Klägerin, und Zeugen wurden vernommen. Das waren Freunde, Verwandte, der frühere Ehemann.
Ein Freund erzählte aus Tatjanas Leben und dass sie schon immer bescheiden war, der Ehemann erklärte, warum er sie verlassen hatte, diese graue Maus, der Arbeitskollege hatte nie eine zuverlässigere Kollegin gehabt, und so weiter, es folgte die Zusammenfassung von Tatjanas Anwältin.
Die beschrieb Tatjana als eine Respektsperson, lobte sie für die Scheidung von solch einem Mann, lobte auch die guten, alten Freunde, die Tatjana hier vor aller Welt beistanden, und die nickte bekümmert.
Und nun, nachdem alle Argumente vorgebracht waren, durfte Tatjana sich eine neue Garderobe aussuchen. Werbung.

Unmöglich! Hier wurde aus einer ruhigen, sachlichen Frau ein Weibchen gemacht. Warum machte Tatjana das mit? Weil sie die Klamotten umsonst bekam. Wahrscheinlich deswegen.
Und schon ging der Samtvorhang wieder auf. Auftritt Tatjana!
Auf einem Laufsteg kam sie herausgeschritten zu Musik – gar nicht mal so unsicher, wie ich gedacht hatte. Sie zeigte sich in einem Straßenkostüm, in Jeans und Pullover, dann Mantel mit Kleid.
Bravo – alles klatschte.

Richter: Nun, wir sehen, Tatjana kennt sich selber sehr gut und hat eine stilvolle Garderobe ausgesucht. Was hat die Klägerin dazu zu sagen?
Tochter: Mamalein, das hast du sehr schön gemacht. Besonders der Mantel, der hat dir gestanden. Und die Kostümjacke! Gut.
Statt dass sie aber nun alle die Frau in Ruhe ließen, begann die Vernehmung der Zeugen erneut. Nun erwies sich auch das neue Russland als eine durchtherapierte Gesellschaft. Alle Beteiligten analysierten die ausgesuchten Kleidungsstücke.
Die Anwältinnen fanden dabei ein Schutzbedürfnis heraus und einen verschlossenen Charakter, und Spuren einer schweren Kindheit, und Kriegsfolgen natürlich und die Sowjetzeit mit ihrem Mangel an Ausdrucksmöglichkeiten.
Es war erstaunlich, wie diese beiden Anwältinnen die Zeugen immer wieder befragten, und übrigens taktvoll.
Ein ganzes Leben erschien da auf einmal – ein russisches Leben der Nachkriegszeit. Nur Tatjana schwieg.
– Ich glaube, wir haben verstanden, sagte die eine Anwältin dann, und die andere:
– Ich hoffe, wir haben unseren Spezialisten genug Anhaltspunkte geliefert.
Werbung.
Währenddessen hatten unsichtbare »Spezialisten« die Delinquentin übernommen. Sie wurde frisiert und neu eingekleidet.
Und wieder dachte ich daran, dass ich gehen müsste, ausschalten, wenn eine vernünftige Frau zur Tussi gemacht wird, aber nein, ich erwartete Frau Tatjana.
Sie kam.
Völlig verändert durch die neue Frisur, andere Haarfarbe sogar, neuer Schnitt, auch geschminkt war sie auffallend anders, und

die neuen Kleider hell, bequem, ja beneidenswert. Auch noch teure Stiefel dazu!
Würdig schritt sie auf dem Laufsteg herum, dreimal hin, dreimal her, und jedes Mal etwas würdiger! Davon war ja viel die Rede gewesen: Sie ist doch eine Respektsperson!
Eine neue Tatjana. Noch etwas unsicher, aber der riesige Applaus ermutigte sie, sie lachte.
Jeder einzelne Auftritt wurde nun wieder besprochen, von Fremden sogar, ein berühmter Schauspieler wurde jetzt aufgerufen, als Zeuge.
Was sollte denn der dazu sagen?
– Vor unseren Augen hat sich ein göttliches Weib offenbart! Tatjana, ich bete Sie an!
Meinte der das ernst?
Aber auch Komplimente sind ja in Deutschland nicht üblich.

Ich hörte noch, wie Tatjana auf einmal zu reden beginnt, etwas Schweres sei von ihr abgefallen, ein Leben lang hätte sie sich das gewünscht, sich so leicht zu fühlen, so leicht, das sei unfassbar, ein großes Geschenk, spontan läuft die Tochter nach vorn und umarmt sie, Tochter weint – ich schaltete aus.

Im Zimmer sah ich mein sparsames Reisegepäck stehen. Sollte ich mit großen Koffern reisen?!
Einen Häuserwettbewerb sollten sie hier mal veranstalten!
Da würden wir gewinnen, die Deutschen. Haushoch würden wir gewinnen, und diese meine Verwünschung bestätigte sich dann auch auf dem Weg zur Metro bei fast jedem Gebäude.
Irgendwie bestand hier keine Vorstellung davon, dass eine Fassade exakt bis runter zum Trottoir eben Fassade ist und nicht

irgendwo vorher schon aufhört, sich farblich verkleckert, sich auflöst in Flecken von bröckelndem Putz, und die Regenrinnen genauso! Brüllte OBI deswegen so laut herum?
Irgendwie, irgendwas.
Wohin man auch sah – irgendwie, irgendwas. Hält noch, geht noch, macht nichts. Guckt sowieso keiner hin! Doch, ich guckte hin, ich sah alles!
Wirklich, ich ärgerte mich.

»Unsere schönen Frauen in ihren schönen Kleidern!« Wie wär's denn, das Geld mal zusammenzulegen für ein gestrichenes Treppenhaus?!
Und natürlich erinnerte ich mich an den Osten, bei uns in Deutschland.
Dort war diese gleiche Art von Zerbröselung am Ende für uns quasi unsichtbar.
Die Westler fielen in Ohnmacht davor, als sie kamen, aber wir, wir sahen es nicht mehr. Ich weiß, dass man blind wird dafür, ich weiß es wirklich, aber jetzt wollte ich auch mal ungerecht sein, und der Weg zur Metro war lang genug.
Als ich dort ankam, bei Thälmann und seinem Einkaufscenter, da hatte ich schon wieder ein schlechtes Gewissen. Sollte das nun heißen, das so verdächtig deutsch aussehende Ding da, mit den wunderbar glatten Wänden bis runter zum Trottoir, würde das einzige Haus sein, was mir hier gefiel?
Aber nein. Ein Rundgang genügte, es war so steril wie bei uns, aber niedrig und wie ein Pavillon eingefügt in die Umgebung – elegant und fast unsichtbar. Wo die Einkaufscenter bei uns wie die Elefanten die Innenstädte zertrampeln.
Wie hatten sie das geschafft?

Und dann vergaß ich auch das, denn nun ging's hinab in den Untergrund.

*

Dort alles wie früher, die grünen Züge, ihre schnelle Folge, und drinnen dann diese wohltönenden Stimmen einer Frau, eines Mannes, die, freudig beinahe, vor jeder Haltestelle es wiederholen: ––– Achtung! ––– Die Türen öffnen sich! ––– Verehrte Fahrgäste! Machen Sie Plätze frei für Behinderte, alte Leute und hilflose Personen! Und dasselbe dann umgekehrt, wie ein Lied, altes Lied und bekanntes Lied auch: ––– Achtung! ––– Die Türen schließen sich! ––– Die nächste Haltestelle ist ––– MAJAKOWSKAJA, diese Station, es folgt ihre Ausgangshalle, die Straße, auf die man hinaustritt, und das Licht auf der riesigen Kreuzung davor.
Ja, das war Moskau.
Das Moskau, das ich in Erinnerung hatte. Sowjetunion.
Alles wie immer, und wie immer auch nicht, denn ich war erwachsen geworden. Kein Kind mehr, an der Hand meiner Mutter, keine Bewohnerin der DDR, der hier schon mal grundsätzlich überhaupt gar nichts gefallen kann – nein, ich hatte die Welt sehen dürfen inzwischen, und jetzt sah ich das: die Twerskaja-Straße in Moskau.
Sanft und allmählich verläuft sie einen Hügel hinunter, wo offenbar alles hinwill, mit einem breiten Autostrom läuft sie mit, an Häusern vorbei, die wie Paläste sich breitmachen, und anschauen will man die schon, aber stärker ist dieses Gefühl, dass es dort vorne, dort unten, etwas Wichtiges gibt, etwas Wichtigeres, denn ein starker Magnetismus zieht alles in eine Mitte,

nur weiter, du musst nur weitergehen – und je länger ich mitlief in diese Richtung, die saugende Richtung, da konnte ich nur noch staunen.
Das war ja wohl 'ne dolle Stadt!

Zum ersten Mal konnte ich Moskau erkennen, und was für ein Brett vor dem Kopf ich vorher gehabt hatte, diese Abwehr gegen alles von hier, die Sehnsucht nach Westen, das war verschwunden auf einmal, und ich sah, wie alles einem Zentrum zufließt, das tief liegt, am Wasser liegt es, von einem Fluss umflossen, und wiederum auf einem Hügel, und sieht man es sich auf der Karte an, ist es ein Herz!
Tatsächlich ein Herz, und dazu noch rot, rot gebaut, wie ja jeder weiß, diese Kremlfestung mit ihren Mauern, eben weil sie das Herz ist, wahrscheinlich, das rote, lebendige Herz eines Landes – schon immer, schon lange vor allen Kommunisten: Moskau. Moskwa.

Wie eine Schlagader führt die Twerskaja zu dieser Mitte, und ist man erst unten, an ihrer Mündung, dann folgen die Plätze, die vielen und riesigen Plätze, einer verkantet gegen den anderen, leichte Schrägen und angehobene Flächen, Uferränder und Brücken dazu, Promenaden, die Blicke freigeben von solch einer Weite, dass ich mir die Wiesen auf einmal vorstellen konnte, auf denen das alles errichtet war, die grünen Ufer, die Hügel und Wolken darüber – Russland!
Innerstes Russland, so kam es mir vor, denn mit der Sowjetunion war diese Anmutung nicht zu verbinden: Natur.
Sowjetunion war doch Technik gewesen, Moderne.

Übertraf die Schönheit der alten Stadtanlage an einigen Stellen nicht Rom?
Eine Stadt wie eine Landschaft, das war mir bisher Rom, ich kannte es besser als Moskau inzwischen, darum kam mir dieser Gedanke, und erst später erfuhr ich, dass das christliche Moskau sich über Jahrhunderte auch so gesehen hat: als das dritte Rom.
Hatten die aufständischen Revolutionäre das vergessen, als sie 1918 beschlossen hatten, nach Moskau zu ziehen, im März? Von Petersburg in den Moskauer Kreml, wo seit Peter dem Großen nicht mehr regiert worden war. Sie waren hier seine Nachfolger.

Wie besoffen von alldem Fließen, dem Kreisen, dem Zentrumsgefühl ging ich noch einmal die Straße zur Metro-Station MAJAKOWSKAJA hoch und runter an diesem Tag, es war ein herrlicher sonniger Tag.
Ja, so eine Stadt braucht ein Imperium, dachte ich, das ergibt sich von selbst, das ist vollkommen klar, und da stand ja auch das HAUPTTELEGRAFENAMT, Haus der klassischen Moderne, so schön, wie ich es in Erinnerung hatte, aber schön auch nicht. Denn in meinem Gefühlsaufschwung dieses Tages sah ich über diesem Hause etwas stehen, als ob Luft in der Hitze zu flimmern beginnt, eine flirrende Säule wie einen Schrei, eine Sirene – oh Gott, wenn es einen poetischen Ort gibt, in Moskau, eine Adresse wie eine Tragödie, dann ist es diese: MOSKAU. GORKISTRASSE. HAUPTTELEGRAFENAMT. MOSKWA. ULIZA GORKOWO. GLAWNYJ TELEGRAF.

Kaum zu glauben, aber Stalin selbst war es, der die Twerskaja Straße nach dem Dichter Gorki benennen ließ, was ja »der Bittere« hieß. Also war das hier seit Stalins Zeiten die Straße des Bitteren gewesen.
Ja, dieses Haupttelegrafenamt, Haus der Moderne, Haus des Aufbruchs und der Verbindung zur Welt, stand seitdem an der Bitterstraße – und welch ein Tempel der Tränen ist es geworden!

Wer kann davon erzählen? Wer tat es bereits?
Eine Oper müsste es werden, dachte ich, ein Oratorium, hundert davon, und glaubte beinahe, alle die Ausrufe, Schreie zu hören, die von hier aus verschickt worden waren: Vater verhaftet – Bruder gefallen – Wo bist du – fahre morgen ins Neuland – Promotion eingereicht. Schick die Geburtsurkunde! – Wir müssen umziehen – aus Moskau weg – melden uns später! – Onkel nicht auffindbar – Ich liebe dich! – Wo seid Ihr? – Wir werden heute noch evakuiert, Adresse unbekannt – Prüfung bestanden! Alles in Ordnung! – Ausreise morgen. Grüße an alle! – Tochter geboren!
Das war ich. Tochter geboren!
In einer der endlosen Warteschlangen vor den vielen Schaltern hatte auch mein Vater angestanden, mitten im Krieg. Ein einziges Telegramm hatte er zu verschicken, mehr Adressen hatte er nicht auf der Welt, und das hat meine Tante ein Leben lang aufbewahrt – Telegramm aus Moskau, Haupttelegrafenamt, in ihre kleine Stadt nach Sibirien geschickt.

Ich bin auch hineingegangen, es war alles wie früher. Diese glänzenden Fliesen des Fußbodens. Wie gut erinnerte ich mich. Sie scheinen immer noch dieselben zu sein, ordentliches

Material also. Ich weiß noch, ich starrte darauf, ich war zehn Jahre alt, stundenlang. Denn hier hatte es auch Telefone gegeben, die »internationale Verbindung«, und meine Mutter versuchte von hier aus, Berlin zu erreichen, unsere Wohnung, den Vater, nur es meldete sich niemand. Fünfzig Jahre her war das jetzt, mehr als fünfzig Jahre, ein Lebensalter.
Die Schalterhalle schien kleiner geworden zu sein. Überall werden sie verkleinert, jeder trägt heute sein eigenes Telefon mit sich herum.
Die Zeit der Telefonzellen und Telegramme, der Tragödien und Liebeserklärungen war vorbei.
An diesem Ort war sie vorbei.

Das Haupttelegrafenamt wurde außen gerade mit Tüchern bespannt, geschmückt sozusagen mit Bildern von Soldaten mit Helm und Maschinengewehr – zur Vorbereitung für die Siegesfeier am 9. Mai. Aber vorläufig war alles zivil hier, und wie ich so auf der Straße mich umdrehte nach allen Seiten, sah ich noch ein Haus, das bespannt war, verdeckt, und das war das alte Lux. Hotel Lux.

Jetzt verstand ich, warum ich ganz selbstverständlich an der Station MAJAKOWSKAJA ausgestiegen war. Es muss der Weg meiner Mutter gewesen sein, wenn sie wieder in Moskau war. Denn »Hotel Lux«, das war unsere letzte Adresse in Moskau gewesen, ihre auch, und man geht wohl zuerst dort vorbei, wo man zuletzt gewohnt hat. Man will sein Leben ja fortsetzen.
Also ging ich rüber und sah mir die Sache von dort an: die Straße, die Stadt und den Straßenverlauf.
Das Hotel Lux wurde umgebaut. Betreten verboten. Und doch:

Ein so riesiges Emigrantenhotel an der größten, der schönsten Straße und in Blickweite schon zu dem Herzen da unten!
Wie muss das einen gläubigen Menschen beeindruckt haben, einen pathetischen wie meinen Vater zumal: an der wichtigsten Straße dies große Hotel, und da unten die Sowjetmacht!
Oder wie sie es nannten: Zentrum der Weltrevolution.
Verschanzt im Kreml. Paar Schritte zu Fuß und man stand davor. Drittes Rom.
So war das also, dachte ich: Sie hatten am dritten Rom gebaut und wussten es nicht einmal.
Mein Vater jedenfalls ist bis zuletzt der Überzeugung treu geblieben, dass Moskau die neue Weltstadt wird – auf jeden Fall Moskau.
Und auch das wurde mir hier klar: So verrückt war das gar nicht, wie ich immer geglaubt hatte. Dieses rote Magnetfeld war unverlierbar. Egal, unter welchem Namen.

Auch alles Übrige war noch da. Der Rote Platz, die Manege, die Universität. Auf den Kremltürmen stecken nun statt der Sterne die Doppeladler. Sie sehen von weitem wie Spinnen aus, weil sie sechs Enden in die Lüfte strecken: zwei Köpfe, zwei Flügel, zwei Füße. Der Doppeladler des Heiligen Römischen Reiches sah auch so aus, aber er ist es nicht.
Dieser Vogel, er ist von Byzanz.

Auch das GUM stand noch da, neu verputzt und gestrichen und menschenleer. Statt der sich um alles Mögliche raufenden Menschenmassen der Völker der Sowjetunion war hier inzwischen der gesammelte Stolz der Weltoberklasse versammelt – Versace, Rolex und Valentino, Laden für Laden, Marke

für Marke und immer so weiter, ich konnte meine Schuhe klappern hören in diesen Hallen, und so tack-tack-tack lief ich unter seinen geschwungenen Glasdächern durch, an den Spiegelsäulen vorbei, die vergoldet waren wie früher auch, bis ich endlich den Ausgang fand.
Da stand ich gegenüber von Lenins Mausoleum.
Ja, das GUM hat eine breite Außenseite zum Roten Platz und genau auf der anderen Seite von seinem Haupteingang war einmal das Mausoleum erbaut worden.
Ich musste lachen, denn nun waren sie ja auf Sichtweite sich gegenübergerückt – der bedrohlichste Feind des Kapitals und dessen teuerster Plunder, aber es war auch egal, denn es lagen und standen auf beiden Seiten nur tote Puppen, was rede ich: Broschen!
Man kann sie sich anheften, kann sie verschenken, sie wegwerfen, in den Dreck treten – Schrott! Was waren die gegen die Landschaft hier, die Mauern und Brücken und Plätze!

Ich verstand es nicht – wie hatte ich das so missachten können, so geringschätzen und belächeln, nur weil das hier Türme hatte, mal kuglig, mal spitz, und dazu bunte Farben und gar nichts vom Bauhaus und rechtem Winkel, aber an diesem Tag dort in Moskaus Mitte herumlaufend, ist mir das Bauhaus nicht einmal eingefallen. An diesem Tag fiel mir nur das ein: Es hätte meine Stadt sein können!
Und wäre meine Mutter mit uns Kindern nicht zurück nach Berlin gefahren damals, im Juli 1953, als sie vergeblich versuchte zu telefonieren, dort im Haupttelegrafenamt, wäre sie hiergeblieben, wie mein Vater es wollte, um uns zu retten, dann wär's meine Stadt auch geworden. Und dann? Was dann?

Ein Glück, so hatte ich immer gedacht, was für ein Glück, dass sie auf ihn nicht gehört hat.
Mein Leben lang war ich darin ganz sicher gewesen, aber nun: Es hätte meine Stadt sein können!

Zurück an meiner Metro-Station, wäre ich fast überfahren worden, ich hatte es wohl nicht ernst genommen, was die Wirtin mir morgens gesagt hat:
– Sie halten nicht! Sie halten wirklich nicht, die Autos, wenn du auf der Fahrbahn bist!
Na, nun wusste ich es, die eisenbeschlagene Tür war dann schon vertraut, das dunkle Treppenhaus auch, und oben gab's wieder die Fernsehwerbung. »VANISH!!! ICH BIN IHR NEUES VANISH!«, und: »GEHNSE ZUM BAUMARKT, WIR WARTEN AUF SIE!!!«, und: »OBI? – OBI! – ALLES OBI!!«, und: »KÄRCHER!!!«, »KÄRCHER!!!«, »KÄRCHER!!!«, und Joghurt von Ehrmann und Collonil-Schuhcreme und bayrische Würstchen und Tütensuppen und Ketchup, Ketchup, Ketchup. Irgendwann hätte ich den Stecker ziehen müssen vor so viel herumgespritztem und gematschtem Ketchup, aber dazwischen, in ebenso kurzen Abständen erschien immer wieder standhaft ein Männerkopf, rufend: »Mir wurde eine deutsche Zahnkeramik eingesetzt für nur 6000 Rubel!«, und den wollte ich sehn. Immer wieder: »Mir wurde eine deutsche Zahnkeramik eingesetzt für nur 6000 Rubel!«
Danach dann die Tagesnachrichten, wieder ohne Schweinegrippe, und morgen war 1. Mai.

*

Nichts davon in den Radionachrichten, im Fernsehen nicht, in den Zeitungen nicht, und die Metro ganz leer!
Warum? Jetzt begannen die Feiertage. Vom ersten bis neunten Mai Ferien landesweit. Neun, manchmal zehn Tage arbeitsfrei, manchmal sogar sind es elf.
– Verstehen Sie bitte, es sind heilige Tage!, hatte mir ein Bekannter gesagt, mit dem ich mich verabreden wollte. Die Staatsfeiertage meinte er nicht.
Er meinte die Erde, die nun endlich aufgetaut war, die Wärme, er wollte Tomaten pflanzen, Zucchini aussäen. Es sei das Normalste von der Welt, na dann, schöne Feiertage!
Früher war hier in Moskau der 1. Mai heilig gewesen, deswegen war das Wort überhaupt noch geläufig, nahm ich an, es war der heiligste Tag überhaupt in der Sowjetunion, denn da feierte man die Verbundenheit mit den Arbeitern der ganzen Welt, die kommunistische Sache im Ganzen sozusagen, und am 7. November folgte dann der Feiertag der eigenen siegreichen Revolution.
Inzwischen war der 7. November abgeschafft und der 1. Mai Privatsache, aber noch Feiertag, wenn auch einer von denen, die nichts mehr bedeuten.

Mit zwei anderen Personen saß ich in einem Metro-Waggon Richtung Innenstadt, auf den Bahnsteigen standen mehr Polizisten als Fahrgäste, und auch über der Erde waren Milizionäre postiert, mehr als am Tage zuvor, dazu Männer, auf deren dicken Wattejacken die Buchstaben OMON geschrieben waren.
Sie waren die Einzigen, die lachend und redend zusammenstanden, locker. Ich war gewarnt worden, heute nicht in die

Innenstadt zu gehen, darum fuhr ich ja rein, aber jetzt, so angesichts der heiteren, stämmigen Typen, lief ich doch eiliger, schneller, nun aber – wohin?
Irgendwo sollte es »Manifestationen« geben, aber ich fand sie nicht.
An der Metro-Station NOWOKUSNEZKAJA allerdings fielen mir einige Wartende auf. Sie standen da und musterten sich gegenseitig, einige trugen Stangen mit eingerollten Plakaten, Losungen offenbar. Ich blieb stehen und wartete ab, was hier geschehen würde, dann fielen mir noch andere auf, die die Szene beobachteten, und eine junge Frau, die mich streng musterte.
Alles klar. Ohne Gewährsmann war man verdächtig. Aber mit Gewährsmann ist man beeinflusst, das wollte ich nicht.
Ich wollte frei von den Meinungen anderer Leute hier sein, und ich sah ja, was los war: Moskau leer und die Leute hier misstrauisch, angespannt, Angst.
Angst, die ansteckend war, auch auf mich sprang sie über.
Musste ich das wirklich, hier rumstehen und als ein Spitzel betrachtet werden, ein Beobachter, von dem niemand wissen kann, wer er ist und von wem geschickt?
Beobachter war ich ja wirklich und stand fremd in einer mir unbekannten Ecke der Stadt herum, die ziemlich altrussisch aussah mit ihren quadratischen, niedrigen Häusern und Bettlern vor Kirchen.

Ja, das war nicht der 1. Mai aus den Zeiten des Sozialismus, nicht dieser laute Tag mit Musik überall, wo die Innenstadt voller Menschen war und wir schon als Schulkinder uns pünktlich zu treffen hatten, um dann in Marschblöcke eingeteilt an Parteifunktionären vorbeizumarschieren. Als Kinder winkten

wir noch vor den Tribünen, später lachten wir bloß oder kamen nur kurz, um gesehen zu werden, und liefen dann bald davon. War doch alles Zwang! Leere Worte! Freiwillig müsste man herkommen wollen, freiwillig, selbstbestimmt, gerne – so wie die, die uns abends im Fernsehen gezeigt wurden, die Leute da in Paris, in Mailand und Rom, wo sie am 1. Mai auch demonstrierten – jedoch sehr viele waren das nie.
Bei uns aber hatten alle zu kommen, die arbeiteten, und das waren wirklich alle. Wir waren alle da.
– Seid ihr alle da?, ruft der Kasper im Puppentheater.
– Ja!, ruft das Publikum, … ja!
– Ja, wir sind alle da!

Wir waren alle da und die Straßen voll, und aus Lautsprechern kamen Musik und Ansagen wie: »Wir begrüßen die Werktätigen des VEB Bergmann Borsig! Sie stellten in diesem Jahr drei Turbinen über den Plan her!« – Beifall, Beifall, alles klatschte – »Und nun zieht die Belegschaft des Herrenbekleidungskombinates Fortschritt an uns vorbei!« – Beifall, Beifall, alles klatschte, und so ging es weiter.

Einmal waren wir alle da gewesen. Immer halb resigniert, weil es angeordnet war, kontrolliert und erzwungen, und wiederum doch nicht feindlich gegen die Losungen zur internationalen Solidarität, nicht gegen den Kampf um Frieden in Vietnam, auch nicht gegen den Beifall für die Näherinnen des Herrenbekleidungskombinates »Fortschritt«, nur eben – das Wichtigste fehlte, die Wahrheit von uns und für uns, aber das Gefühl der Verbundenheit miteinander, das gab es auch, und war man erwachsen geworden, zeigte sich der 1. Mai auch als ein Tag, an dem geflirtet wurde wie verrückt, denn nach der Demonstration wollte man noch in einer Kneipe zusammensitzen, gemeinsam was trinken, es war ja alles durcheinandergewirbelt, aus den Gleisen mal für einen Tag, der ein Feiertag war, und alle waren da.

Hier wird es nicht anders gewesen sein, hier in Moskau, wo die Stadt beinahe platzte von roten Plakaten und Transparenten, empathisch gerufenen Losungen, vom Radio ausgestrahlt, in jedes Provinznest auch übertragen, wo es auch eine Demonstration gab, und wenn's rund um ein Blumenbeet war – als Gruß den Arbeitern der ganzen Welt!

So stand es auf Spruchbändern über die Straßen gespannt: *»S perwym majem, dorogije Towarischtschi!«* »Einen Gruß euch zum 1. Mai, liebe Genossen!«

Noch im Jahr 2003 hatte ich solche Spruchbänder auf einem Foto gesehen, da hieß es: »Einen Gruß euch zum 1. Mai, liebe Freunde!«

Nichts mehr dergleichen. Was an Spruchbändern über die Straßen gespannt war, diente Reklamezwecken. Der 1. Mai war vergessen. Abgesagt wie die Arbeiterklasse, wie die Arbeit an sich, bei uns ist es genauso, aber hier nun stehend, in Moskau, da war ich entrüstet auf einmal.

Schließlich waren alle Fahnen und Wimpel und politischen Losungen meines Lebens von hier gekommen, von hier!

Mein Leben lang sollte ich demonstrieren – wozu?

Damit die hier einfach Kartoffeln legen, Zucchini pflanzen eines schönen Tages, und sich gar nicht erinnern können?!

Anyway, es gab keinen 1. Mai hier in Moskau mehr, ich habe ihn nicht gefunden. Auch die Schmuckbespannung am Haupttelegrafenamt hatte dem 9. gegolten, nicht dem 1. Mai.
Ich fuhr zurück in meine Wohngegend, und als ich aus dem Tunnel unter dem Leningrader Prospekt herausgestiegen war, lief ich geradewegs in das Einkaufscenter.
Der glatte Fußboden, die gläsernen Wände, die stillen Ecken mit Tischen und Stühlen wie auf jedem Flughafen – das war eine mir bekannte Umgebung, hier fühlte ich mich leichter, freier. Oder war das schon Heimatgefühl, auch bei mir?
Heimat hier? Oder war es Angst?
Die dicken OMON-Leute waren mir nicht egal gewesen, die Milizionäre auch nicht, es hieß, sie wären allmächtig hier, ihretwegen trug ich eine Kopie meines Reisepasses dick zusammengefaltet griffbereit in einer Jackentasche. Ich mochte mich gar nicht in meiner Furcht und auch nicht, wenn ich dann entspannt in dem Einkaufscenter auf einem Mitropa-Stuhl saß, aber es war so.
Von da an, wenn ich aus der Innenstadt kam an den folgenden Tagen oder abends noch keine Lust hatte schlafen zu gehen, ging ich hierher.

In dem fabelhaften Selbstbedienungslokal stellte ich mir einen Teller voll Pelmeni oder Buchweizengrütze mit Pilzsoße auf ein Tablett, einen Becher Filterkaffee dazu, der hier wie fast überall auf der Welt »amerikanischer Kaffee« genannt wird, bezahlte wenig dafür und marschierte damit auf die Terrasse, um den Autoströmen zuzusehen auf dem Leningrader Prospekt.

Am 1. Mai übrigens setzte sich bald ein älterer Mann an mein Tischchen, und den fragte ich dann nach dem verschwundenen Fest der Werktätigen, während er wissen wollte, von wo ich kam.

Ja, Deutschland, da sei er manchmal, wegen der Tochter, die arbeite dort, und zwar in Köln. Aber ebenso wie meine Wirtin zeigte er sich wenig begeistert vom Westen.

– China. Wir sind wie China. Wir sind für uns. Und davon mal abgesehen: Wie ihr in Deutschland über uns schreibt!

– Das wissen Sie?

– Was glauben denn Sie?

Deutschland verdankt der Sowjetunion die Einheit, aber ihr redet seit zwanzig Jahren nur von der deutschen Teilung! Dabei haben wir unsere Waffen abgezogen, wir! Als Einzige! Aber ihr redet von der russischen Bedrohung! Wir haben Jahre des völligen Zusammenbruchs hinter uns, ohne euch zu bedrohen. Und ohne Bürgerkrieg – immerhin. Russland war es nicht, das Europa ins Schlittern brachte, es war Jugoslawien, das wunderbare Jugoslawien, das Lieblingskind des Westens zu sozialistischen Zeiten, aber davon spricht bei euch keiner mehr!

Grüßte, erhob sich und ging.

Kam noch einmal zurück: Ich sollte das nicht persönlich nehmen. Und seine Tochter würde wahrscheinlich in Deutschland bleiben, der gefiele es dort. Also alles Gute, adieu!

So deutlich hat mir später niemand mehr seine Meinung über die Presse in Deutschland gesagt. In Kurzfassung aber hörte ich es immer wieder:

– Wie ihr über uns redet!

Mehr nicht. Nur das:
– Wie ihr über uns redet! Nur Schlechtes.

Ja, es hat sich etwas verändert. Sie reisen. Die Russen reisen. Und wenn sogar wir früher, wir, die in Ostdeutschland hinter der Mauer lebenden Bürger der DDR, uns einbilden konnten, mehr von der Welt zu wissen als »die dort«, die Menschen in Moskau, die nicht einmal westfernsehen durften, wenn wir »die dort« nicht ernst nehmen konnten deswegen, jetzt sind sie da.
– Ich habe es selber gelesen, sagen sie.
– Ich habe es selber gehört.
Das wurde mir hier klar, an diesem Tag, auf der Terrasse eines Selbstbedienungsrestaurants, unter der ein Ernst Thälmann aus Bronze stand.
Fantastisch im Grunde, das war fantastisch, die Welt wird rund.
Es lebe der 1. Mai!

*

Die Stimmung dieser Tage – verlassene Sonntage. Und da es die ersten Frühlingstage waren und auf all den kleinen und großen Erdflächen in den Grünanlagen das Gras zu wachsen begann, ein Schimmer, goldgrün auf der braunen Erde, lief ich langsam und sah auf den Boden.
Und da bemerkte ich nahe der Metro-Station junge Männer mit geschorenen Köpfen, Asiaten.
Sie kauerten, jeder für sich, ganz allein, auf den Rasenkanten, die Knie umklammernd, und starrten ins Leere.

Tadschiken? Usbeken? Kirgisen? Kasachen?
Da sah ich sie hocken, die Frühlingssonne genießen, eine Flasche Bier in der Hand manchmal, Kinder beinahe. Die letzten Splitter der einstigen Völkerfamilie.
Einer trug eine Tjubetejka, diese kleine, runde Mütze Mittelasiens. So eine besaß ich auch. Meine Mutter hatte sie mir einmal gekauft, 1950 vielleicht, 1953?
Es war im GUM gewesen, in diesem riesigen, brodelnden GUM, wo die vielen Treppen und Brücken in allen Etagen beinah auseinanderbrachen vor Menschen und Hunderte manchmal bedrohlich sich drängten vor manchen Ständen, mit Rufen und Fragen – »Was gibt es hier?« – »Tücher! Wolltücher aus Moldawien!« – »Spitzentücher aus Astrachan!« –, und diese schubsende Menge, das waren Menschen aus vielen Völkern. Denn die Sowjetunion im Jahr 1950 oder 1953 war von der Welt gänzlich abgeschlossen, und doch international. Auf ihre ganz eigene Weise war Moskau damals durchaus eine Weltstadt.

Ich sehe sie noch über die Plätze laufen, die großen Gruppen von Frauen in bunten, langen Seidengewändern und mit hundert schwingenden dünnen Zöpfchen, und wie sie sich freuten, in Moskau zu sein. Ein einziges Mal im Leben war das vielleicht, diese Reise, ich kann es nicht wissen, aber als Kind sah ich sie durch Moskau laufen, Kirgisen, Kasachen, Uiguren, Mongolen, genau so, wie sie auf Propagandafotos gezeigt wurden: die lachenden Völker der Sowjetunion. Festlich schreitend mit Männern und Kindern. So viele, so viele verschiedene.
Und nun?
Ihre Enkel und Urenkel kauerten hier auf den Rasenrändern,

Ausländer jetzt, viele illegal, versteckten sich, machten sich unsichtbar.

Familien ohne Datscha und Gartengrundstück gingen spazieren, wenige waren das, und im Fernsehen liefen sowjetische Filme. Sowjetische Stars wurden vorgestellt, gefeiert zu ihren siebzigsten, achtzigsten, neunzigsten Geburtstagen, ob es nun Eiskunstläufer waren oder Schauspieler oder Sänger, die großen Siege, die großen Erfolge, lagen sie wirklich alle in diesem verschwundenen Land?
Seltsam war das. Denn auf einen Film über Komsomolzen, die vom Kommunismus träumten, folgten OBI und VANISH, und die Börsennachrichten und immer so weiter, und erst als mir das langweilig wurde, bemerkte ich, dass mein ganzes Zimmer eine Bibliothek war. Und was für eine!
Eine Bibliothek der Perestroika könnte ich sie nennen, denn es waren lauter kritische Bücher, kommunismuskritisch, und das begann mit dem Erscheinungsjahr 1985!
Zuerst traute ich meinen Augen nicht, es konnte nicht sein, ich blätterte nach und es blieb dabei: seit 1985 kritische Bücher. Da wurde mir erst klar, dass die DDR in ihren letzten vier Jahren nur noch auf sehr dünnem Eise geschwommen war. Und dass das viele damals gewusst haben müssen, ich aber nicht.
Dabei hatte ich doch immer das Fernsehen des Westens gesehen, den Rundfunk des Westens gehört, aber so genau hatten sie davon wohl gar nicht berichtet, und nicht einer der Buchtitel war mir bekannt, bis heute nicht, dabei schrieben wir schon das Jahr 2009.
Wurde denn nichts übersetzt?

Wieder fuhr ich in die Twerskaja, der große Buchladen neben dem Hotel Lux ist täglich bis Mitternacht offen, und was ich dort sah, war dasselbe.
Bücher! Bücher! Bücher!
Kritische Bücher. Aktuelle Bücher. Zu jeder Frage des Tages Bücher. Sogar eines über die aktuelle Regierungsform, diese scheinbare Machtenteilung zwischen Ministerpräsident Putin und Präsident Medwedjew: »Unser Tandem«.
Ich kaufte ein Zahlenwerk über das Russland der Gegenwart, einen Essay über das neue Alltagsrussisch, eine Biografie über den Nobelpreisträger Lew Landau, ein Buch über die letzten hundert Jahre des russischen Bankensystems und eine Geschichte der Sowjetunion von 1945 bis 1985.
Von wegen »Dröhnendes Verstummen«!
Da war sie, die Auseinandersetzung mit der Vergangenheit.
Seit fünfundzwanzig Jahren wurde hier geschrieben und publiziert, warum wusste ich nichts davon? Lag es an mir? An den Verlagen? Den Literaturseiten unserer Zeitungen?
»Dröhnende Ignoranz« hätte ich schreiben müssen, dröhnende Ignoranz.

Auch Zeitungen kaufte und las ich täglich. Zuerst die, die alle kauften, das waren *Moskowskij Komsomolez* und *Komsomolskaja Prawda*. Boulevardblätter, gut geschrieben, amüsant manchmal, doch uninteressant. *Kommersant* blieb dagegen ironisch und sachlich, gänzlich nichtssagend war *Rossija*, die Regierungszeitung. Das ganze Gegenteil wiederum war die wütende Zeitung *Sawtra*, die ein Schriftsteller beinahe allein verantwortete, Alexander Prochanow. Wollte der an Dostojewski anknüpfen? An dessen nationalreligiöse Zeitung *Wremja* – »Die Zeit«?

Es sah ganz so aus. Nur war hier nicht das alte Russland, sondern die Sowjetunion in schwärmerischen Ausdrücken verklärt, Stalin ein Heiliger oben im Himmel, die Demokraten dagegen wahre Kräfte der Hölle, die Russland um dreihundert Jahre zurückgeworfen hätten, und nun wandelte dieser Beelzebub mit dem erschlagenen russischen Kind auf dem Arm durch die verlassenen slawischen Weiten.

Genau so stand es da, aber ich las es zweimal, ich glaubte es kaum – Gott und Stalin wurden zusammengeschweißt?

Kommunismus und Religion?

Opposition war auch die demokratisch orientierte *Nowaja Gaseta*, die Zeitung, in der die ermordete Anna Politkowskaja geschrieben hatte. Jedoch – dass dieses Blatt dermaßen kritisch war und seine Berichte über Verbrechen und Politik so mit Namen und Hausnummer ganz genau recherchierte, das hatte ich mir nicht vorstellen können, weil es solchen Journalismus bei uns nicht gibt. Aller Bedrohung zum Trotz zeigten sich die Autoren jedes Artikels mit einem Foto sogar! Fast immer waren es junge Leute. Imponierend war das.

Was ganz fehlte, war ernsthafte Kritik aus dem Parlament und öffentliche Debatten im Parlament, Kritik an Politikern ebenfalls. Die herrschende Form des Regiertwerdens schien sakrosankt. In ihren eigenen Äußerungen tobte jede Oppositionspartei eher allgemein gegen die herrschende Partei und die Übrigen auch. Aber welche gab es denn? Die Kommunisten vor allem. Die Nationalisten. Die Liberalen.

Was sonst noch so an Kritik halb oder gar nicht stand in den Zeitungen, das konnte ich nicht beurteilen. Ich lebte nicht hier, woher sollte ich wissen, was tagespolitisch gesagt werden müsste?

Das Thema dieser Feiertage allerdings war bei allen dasselbe: der große Sieg. Dürfen wir noch darauf stolz sein? Ja oder nein?!

– Dieser Sieg, mit dem eignen Faschismus ist er erkämpft worden!, riefen die einen.

– Das wagt ihr auszusprechen?!, riefen die anderen.

Unsere toten Väter und Brüder sollen Faschisten gewesen sein? Stalin wie Hitler? Der große Krieg ein großes Verbrechen?

Dieser Streit ging tief.

Über die Häuser in meinem Stadtquartier jagten am Tage nun Düsenjäger, sie übten für die Parade. Die Staffeln in ihren gefälligen Mustern flogen manchmal so dicht über meinen Balkon, dass ich zusammenzuckte – das war doch gefährlich, so über dem Stadtgebiet! Meine Wirtin lachte mich aus deswegen, typisch deutsch sei das wieder mal, nein, wie kann man sich fürchten vor so was, das sei doch schön!

Inzwischen war auch sie längst in ihrem Landhaus, alle im Hause vermutlich. Wahrscheinlich war ich allein in der Bruchbude mit ihrem scheppernden Fahrstuhl und dem düsteren Treppenhaus, wo seit Tagen ein Stapel der *Prawda* parterre neben dem Fahrstuhl lag.

Aus dem einst so mächtigen Parteiorgan war ein dünnes Blättchen geworden. Stoisch trug es immer noch seinen alten Zeitungskopf mit dem doppelten Leninorden, und die Titelzeile lautete wirklich und wahrhaftig: »Erklärung des Zentralkomitees der Kommunistischen Partei«.

Als Studenten hatten wir so was lesen und referieren müssen, ich konnte es gar nicht glauben, dass sich gar nichts verändert hatte, und doch – auch das Kommuniqué des Zentralkomitees hab ich gelesen. Wie damals, wie immer, stand drin, dass die Widersprüche des Kapitalismus sich galoppierend verschärfen.

*

Verlassene Sonntage. Manchmal traf ich mich mit Leuten. Zufällige Bekanntschaften.
Ich fragte nach allem, was man so fragt – Arbeit, Verdienst und Zufriedenheit, und doch blieb ein tristes Gefühl. Es war nicht das, was ich wissen wollte. Aber was wollte ich wissen?
Wie sie sich fühlen, wie es ihnen geht. Ja, einigermaßen ging es ihnen, das Leben sei schwer bei den hohen Preisen, die Korruption wurde auch beklagt, die Einkommen niedrig, ein paar Leute bereichern sich, nichts geht voran, und ich sah schon – es war nicht das, es war nicht das.
Hier war eine Hoffnung zusammengestürzt und hatte ein Loch hinterlassen. Oder soll man es Müdigkeit nennen, die Blicke wie von weit her, wie auf Fremde eben, auf Ahnungslose.

Begeisterung dann bei einer jungen Studentin, als von Deutschland die Rede war, von Berlin, von den heiteren Menschen auf unseren Trottoiren, den Blumengeschäften, den Straßencafés.
– Wie frei ich mich dort gefühlt habe, sagte sie, – von der ersten Minute an, keine Angst!
– Ach, sagte ich, – Sie auch?

Dabei saßen wir in einem Straßencafé, als sie davon sprach. Sie wohnte noch bei ihren Eltern und hoffte, bald Arbeit in Deutschland zu finden – eine Arbeit, von der sie sich endlich einmal im Leben eine eigene Wohnung würde mieten können, hier wären sie unbezahlbar. Ich gab ihr meine Adresse, aber wir haben uns nicht mehr wiedergesehen.

*

Verlassene Sonntage. Meine kleine Wohnung sonnig, der Balkon etwas vollgerümpelt mit alten Regalen und wiederum auch benutzbar. Von hier oben waren die Höfe zu sehen, die Bäume zwischen den Neubaublöcken, die Spielplätze unten mit Schaukeln und Sandkästen, Sitzbänken auch. Ab und zu setzten sich Großmütter darauf, um ein Enkelkind zu beaufsichtigen. Sonst niemand. Alles leer.

Wie diese Frauen da unten konnte ich mich entscheiden spazieren zu gehen, um die Häuser herum oder in die Innenstadt und dann wieder zurück und hierher und den Fernseher einschalten.

Pausenlos liefen da Kriegsfilme und Estradenkonzerte, dazwischen Gespräche mit alten Soldaten, alten Krankenschwestern, in jämmerlich armen Stuben gefilmt, und gleich wieder die fliegenden Röckchen auf Freilichtbühnen, da wurde gesprungen, gesungen, was das Zeug hielt – Sieg, Sieg, Sieg!

Wir haben doch einmal gesiegt!

Nostalgie.

Hier war das Wort einmal angebracht. Eine frenetische Nostalgie, die sich steigerte, steigerte, steigerte – wie weit ließ sich das denn noch dehnen?

Der Aufmarsch dann, die Parade, zeigte auch schwere Waffen. Nach der Perestroika hatte man darauf verzichtet, achtzehn Jahre lang. Nun aber sollte es wieder wie früher sein, und mehrere Nächte schon hatte ich es scheppern hören von der breiten Chaussee an der Metro-Station. Das waren Kettenfahrzeuge, sie übten, diese langen und dicken Raketen durch die Stadt zu zotteln, die »interkontinentale« genannt werden, und so geschah es. Wie gewaltige Schränke wurden sie am 9. Mai über den magnetischen Platz gefahren.

Es folgte Musik überall, dann ein Feuerwerk, kurz darauf explodierte eine Erdgasleitung, brannte leuchtender als das Feuerwerk, länger auch, und nachts im Bett sitz ich grade auf einmal, ein Panikanfall voll Angst und voll Schrecken.
Was war denn das?

Das waren die lustigen Filme Marke CCCP, und die schönen Schauspieler, nur leider schon achtzig Jahre alt, das waren die Lieder, die stundenlang tönten auf Freilichtbühnen vor Tausenden Menschen, und dann wieder OBI, dazu die Entlarvung der Helden von früher, »Jagd auf Beria« zum Beispiel, der aktuelle Fernsehthriller zur Zeitgeschichte, drei Teile, drei Abende lang die Verhöre des KGB, der Mord, die Intrigen, dazu die Lubjanka, und das war hier gefilmt, gleich um die Ecke, denn hier war's gewesen, tatsächlich hier, Moskau, wo die Gesichter der Menschen es ja ohnehin erzählten in ihrer Müdigkeit, Verschlossenheit auch, die Steine, die Häuser, die Trottoire, und das alles zusammen, ja, das zerriss mich. Mal musste ich weinen, mal wollte ich weg, nur noch weg von dem Ort des Geschehens.
Ich bin hier am Ort des Geschehens.

So saß ich im Bett, nachts, alleine, und draußen die Stadt, die grandiose, und im Fernseher tönten die Lieder von früher, und Sätze wie: »Natürlich braucht der Mensch die Hoffnung, natürlich werden wir noch leben, und die Liebe und die Treue siegen immer, stimmt's Genossen?«
Was war hier Russland? Was die Sowjetunion?

Und alle die blätternden Wände, die Dellen im Pflaster, und was mir nicht ordentlich war, nicht zu Ende gebracht, da konnte ich es auf einmal erkennen, dass es eine Landschaft war, Landschaft der Traurigkeit, unermesslicher Traurigkeit. Jeder kennt ihn doch, diesen Punkt, an den man kommen kann, wenn das Gefühl überhandnimmt, man könnte nun gar nichts mehr tun, als sich allem zu fügen – das war es, das Erbe der Gleichheitsherrschaft, die zur Gleichgültigkeit längst geworden war, Gleichgültigkeit, und von da kam die Angst.

Dann war alles vorbei. Die Gasexplosion gelöscht, es begann zu regnen, und der Alltag hatte die Stadt zurück.
Die Menschen kamen von ihren Grundstücken, Büros und Verwaltungen öffneten ihre Türen. Und als ich dann wieder bei Thälmann war und dem Einkaufscenter, da war es doch eigentlich langweilig, und als ich es verließ in der warmen Luft des Mai nun inzwischen, da war das Gras in den Anlagen schon ganz schön gewachsen, grün sah der Boden aus, und die Kasachen oder Tadschiken hockten nicht auf den Rasenkanten, die Robben dagegen lagen undefinierbar dunkel wie immer auf ihren Bänken, und ich meinte, noch in die Post zu gehen, wo man für ein paar Rubel schnell mal ins Internet kam, ja, das wollte ich jetzt, aber da bin ich wohl falsch aufgetreten, oder

war's eine Bordsteinkante, die ich nicht gesehen hatte, wer weiß es, ich fiel jedenfalls, und fiel und fiel und fiel um.

*

So war es gewesen, im Frühjahr, im Mai. Als ich Russland suchte, das neue Russland, da knickte mir einfach ein Fuß um, ich musste in meiner Wohnung bleiben, gemietet für einen Monat, Balkon in der Sonne und Fernsehen auch, humpelnd kaufte ich schließlich noch Geschenke für sie alle, die mich beschworen hatten, in Deutschland zu bleiben, und für mich eine kleine Ikone. Maria mit ihrem Kind. Ein Euro, okay, und zurück nach Berlin.

Dort traute ich meinen Augen nicht: Ein Puppenhaus war es, wo ich gelandet war, buntes Puppenhaus mit Puppenstraßen, Puppenmüttern und Puppenwagen, Puppenspaziergängern, Puppengeschäften und vielen Puppencafés!
Da saß ich wieder zwischen allen den Milchkaffeetrinkern und schämte mich. Ich hatte nichts erreicht, nichts erlebt, nichts gesehen. Aber es war nun mal so, und irgendwann waren die Reisetaschen ausgepackt, die Geschenke verschenkt, und für die kleine Ikone schlug ich einen Nagel in die Wand und da hing sie. Als abends die Zeit kam, das Licht einzuschalten, blieb es dunkel.
Dunkel im Flur, dunkel in allen Zimmern, dunkel. Kein Licht!

Ich könnte nun erzählen, dass ich die ganze Nacht im Dunkeln saß, aber das wäre übertrieben. Der Stromkreis für die Steck-

dosen war in Ordnung, also gaben Stehlampen Licht, bis ein Elektriker kam, und das war alles nicht der Rede wert.
Der Mann erkannte einen Kurzschluss und fand auch die Ursache – ein Nagel steckte in einer Stromleitung. Es war der Nagel, den ich für die kleine Ikone in die Wand geschlagen hatte. Sie hatte das Licht ausgeknipst, mich ins Dunkle gesetzt, geräuschlos und schmerzlos übrigens auch auf sich selber verwiesen. Sie hatte erreicht, dass ich sie mir ansah.
Ich sah also einen Frauenkopf, nach rechts geneigt zu dem winzigen Kopf des Knaben auf ihrem Schoß, der wiederum mit zwei Fingern seiner rechten Hand auf sie zeigt.
In das Aluminium eingeprägt darunter winzige Buchstaben: Heilige Gottesmutter von Kasan.
Die Kasanerin. So wird sie auch genannt. Ich schlug in Wörterbüchern nach, Enzyklopädien, ihretwegen ging ich wieder in Bibliotheken und schließlich, als es Winter wurde, saß ich wieder im Flugzeug nach Moskau.

Es war ein zweiter Versuch. Russland.

2

Es fehlt mir der Genius, um Russland zu beschreiben, dieses Land, das sich einmal die Errichtung einer neuen Welt vorgenommen hatte und nun in den Trümmerstücken davon allein dasteht. Russland, das Land meiner Mutter, das ich verstehen wollte, verstehen, was Russland ist, und diesmal suchte ich es in Kasan.

Und gerade auch dafür braucht es einen Genius, Kasan zu beschreiben, wie ich es sah in diesem Winter, denn nichts in meinem Leben hatte je mit Kasan zu tun, gar nichts, und doch fuhr ich dorthin und nirgendwohin sonst, der Name war mir zugefallen wie ein Los oder eine Aufgabe: Fahr nach Kasan!

Aber auch die Schönheit des Namens hat eine Rolle gespielt: Kasan.

Wie konnte ein so herrliches Wort entstehen – Kasaan, so wird es gesprochen –, das mit fünf Buchstaben einen Raum aufmacht, der groß und geheimnisvoll sein muss, es eröffnet den Raum und es wacht auch darüber, so stolz wie es klingt und barbarisch, und für nichts anderes wird es benutzt in der Welt als für diese Stadt, die einen Genius braucht, um beschrieben zu werden, und das kann ich nicht leisten.

Denn vielleicht könnte ich Kasan beschreiben, die Stadt der Tataren, die Stadt der Russen, die Stadt an der Wolga, aber sie hängt in der Luft, sie hängt in der Luft, wie ein gewaltiges Schild, hineingehängt in ein Tafelbild des Mittelalters, und unten im Tal ist alles zu sehen – die Russen und die Tataren, die Wolga und ihre Zuflüsse und die unerhörten Krämpfe und

Schreie von Menschenmassen sind zu erahnen, die sich da in den Steppen und Wäldern begegnen und teilnehmen an der großen Sache der neuen Welt, teilgenommen haben, denn nun liegt das alles in Trümmern, Kasan aber nicht, Kasan hat alles noch vor sich, und darum steht auf diesem Schild, das ins Panorama gehängt ist: Hauptstadt Eurasiens.

Hauptstadt Eurasiens könnte es sein, könnte es werden, Kasan, und darüber ist zu schweigen.
Denn wer kann in die Zukunft sehen? Wer will es aber auch?

Als ich in die Zukunft sehen wollte, war ich nach Moskau gefahren. Im Frühjahr war das gewesen, im Mai. Sonnig war Moskau gewesen, und bleich vor Angst war ich aus dem Flugzeug gestiegen, ängstlich war ich gekommen und ängstlich geblieben, mein Gesichtsfeld war klein, immer kleiner geworden, dementsprechend sah ich die Trottoire in Großaufnahme, die Huckel, die Löcher darin, und was rumlag auf manchen Rasenflächen, das sah ich zuerst und in Überschärfe, und die Straßen, so lang und so breit in der Sonne, auch denen war ich nicht wirklich gewachsen.

Diesmal half mir der Winter. Er kam pünktlich am Anfang Dezember, auch in Moskau hatte er für Schnee gesorgt, alles glatt, alles weiß, und wo die Häuser endeten am Trottoir, wo sie begannen, Schlaglöcher, Putzflecken, nichts mehr zu sehen, dabei wollte ich gar nicht nach Moskau. Kasan!
Nach Kasan wollte ich und fuhr deswegen von einem Flugplatz zum anderen, auf der Ringautobahn wie sie hier genannt wird, durch Zukunftsgebiete gigantischer Art zu dem Aeroport für

den Flug ins Innere des Landes, das kleiner geworden war, aber immer noch ein Kontinent ist, ein ganzer Kontinent, und sogar der größten einer, aber das muss man verstehen, und nicht einfach dahinsagen. Ich verstand es erst am Ende meiner Reise.

*

Schon dieser Flughafen unterschied sich von allen, die ich heute in Europa kenne, denn er war still. Still, aber geräumig. Ruhig saßen Leute auf Bänken und Sesseln, ruhig hörte man auf die Namen der Städte, die angesagt wurden, und auch die Stimmung im Flugzeug schien ruhig, oder war sie festlich? Man flog ja nach Hause, die Feiertage begannen, zehn freie Tage zum Jahreswechsel.

Ja, auch im Flugzeug herrschte bereits Feiertagsstimmung, und die Sonne schien, während es da unten auf der Erde immer kälter wurde, minus zwanzig Grad wurden für Kasan angesagt. Doppelt und dreifach eingewickelt wie eine Marktfrau eigentlich, konnte ich kurz vor der Landung noch einen gänzlich weißen Fluss unten erkennen, es dauerte, dauerte, bis wir ihn überflogen hatten, so breit war er, und schon stießen wir auf, waren unten, gelandet, mitten in der Steppe ein kleines Gebäude, und gerade als ich noch nach einem Taxi sah, las ich den Namen meines Hotels an der Bushaltestelle.
Auch der Bus stand schon da, mit weit geöffneten Türen, ein Schritt, ich war drin und schon fuhren wir los.

Ungeheizt und alt war die Klapperkiste, sie hielt alle paar Minuten und Menschen stiegen ein, die man nicht vermutete,

denn die Fenster waren von dicken Eisblumen bedeckt, nichts war zu sehen da draußen, nichts, nur in der Minute des Türenöffnens erkannte man jedes Mal ein paar Häuser und einzelne, wartende Leute in Anoraks, Pelzmänteln und Kapuzen, flaches Land dahinter, aber das war ja die Steppe, die Wolgasteppe!
Die Häuser darin wie in Kansas oder Nebraska, Holzhäuser, Holzzäune, Hunde im Schnee, und in diesem alten Bus mit den Eisblumen an den Fensterscheiben fuhren wir alle zusammen lange, lange, lange nach Kasan, aber schon hier drinnen begann eine andere Welt, eine Welt der Menschen und der Literatur.
Eine Schaffnerin verkaufte Fahrscheine, die sie von einer Banderole riss, diesen Schnipsel Papier besitze ich noch als ein Eintrittsbillet in die Stadt, von der wir auch dann nichts sahen, als wir sie schon erreicht hatten. Nur immer wieder ein Halten, das spürten wir, ein Warten, ein Frieren, es ging nicht mehr vorwärts, wir standen im Stau, aber auch davon sahen wir nichts, auch hier, im ordinärsten Motorengeräusch, saßen wir hinter Eisblumen, Eisblumen, Eisblumen wie in einer Blase aus einer anderen Zeit.

Schon das Aussteigen war dann nicht einfach in der Dunkelheit, der Bürgersteig dick vereist, glatt, Eiswind schlug ins Gesicht, ringsherum Neubauten, Tankstellen, das Hotel leuchtete direkt auf der anderen Seite der sechsspurigen Chaussee, an der ich ausgestiegen war – aber wie rüberkommen?
Keine Ampel, nirgends.
Erfrieren oder überfahren werden schien nur noch die Wahl, zum Verzweifeln lange schien da kein Ausweg zu sein, aber eine zweite Frau am Straßenrand stürzte sich plötzlich in den

Autostrom, ich hinterher, wir rannten um unser Leben und schafften es tatsächlich auf die andere Straßenseite – dort öffneten sich die Türen von alleine, leuchtete eine Eingangshalle mit Kronleuchtern und Freitreppen: »Riviera! Das Hotel mit dem europäischen Niveau«.

Am nächsten Morgen, als ich die Augen öffnete – ein riesiges Panorama! Es war eine Baustelle vor dem Hotel, ein gigantischer freier Platz, und um diesen Platz herum bewegte sich unentwegt eine fein gestrichelte Glitzerkette. Autos, Autos und Autos. Kein Ton.
Die ganze Außenwand in meinem Zimmer war aus Glas, und so sah ich wie von einer Wolke hinunter, einer niedrig schwebenden Wolke, in dieses Panorama einer Stadt am Morgen.
Genau so war das Bild unserer frohen Zukunft uns immer wieder ausgemalt worden, als ich noch ein Kind war im Osten Deutschlands: die Autos, die Kräne, die Neubaugebiete – die sichere Zukunft für alle. Lange sah ich hinunter, dann legte ich mich wieder hin und schlief ein.

Zum Frühstück hatte ich die Blätter mit allen Informationen über die Kasaner Ikone gleich mitgenommen, wo sie hängt, wie man hinkommt und wem sie gehört.
Wie mochte sie aussehen?
Der polnische Papst hatte um sie gekämpft, und sie schließlich erworben, die Kasanerin hing dann in seinen Privatgemächern, zu ihr hat er gebetet. Nun war das Bild wieder hier, nach hundert Jahren Abwesenheit, das wusste ich schon und wollte gleich hin, natürlich, so schnell wie möglich. Als eine Pilgerin? War ich das? Ich?!

Das Wort war mir im Deutschen schon fremd, im Russischen hatte ich es nachschlagen müssen, *Palomniza* hieß es. Palomniza.

Aus dem Frühstücksraum des Hotels war ein zugefrorener See zu sehen, ein Hügel dahinter und Kirchen darauf, das musste der Kreml sein.
Kasan hat einen Kreml wie Moskau, auf allen Stadtansichten wird er abgebildet, da war er also. Es hingen Gardinen hier vor den Fenstern, und doch war er gut zu erkennen.
Weißkäse löffelnd, den echten, den richtigen Weißkäse, von dem Deutschland ja nur noch träumen kann, sah ich hinaus. Der See war zugefroren. Die Pünktchen darauf mochten Angler sein. Drei oder vier. Auch Spaziergänger gab's auf dem Eis und zwei liefen quer über die ganze große Fläche direkt auf das andere Ufer zu. Auch das war ein lautloses Bild, natürlich, wie es sich für den Luxus gehört, den die Gäste hier drinnen genießen. Das europäische Niveau. Und dann?
Es geschah etwas, anders als ich gedacht hatte, ich ließ mich überreden, von wem eigentlich, einer Frau, einer Frau am Frühstückstisch, einer lustigen aber doch fremden Frau, mir fremd, aber hier ebenfalls fremd und den ersten Tag in Kasan so wie ich, und sie sagte tatsächlich:
– Das machen wir auch. Da gehen wir rüber, so fangen wir an! Unsern ersten Tag in Kasan!
– Übers Eis?
– Ja, natürlich, was ist schon dabei!
Es war nur der Zugang zu finden zum Ufer, die Angler hatten ihn gefunden, also gab's ihn, wir fanden ihn auch. Unter einer Pontonbrücke führte ein Weg direkt an das Ufer des Sees und

weiter zu einem Kutter, der festgefroren dort steckte und wohl bewohnt war, dem näherten wir uns bereits auf dem Eis, ein Schäferhund lief heraus und bellte, wir änderten unsere Richtung, und dann?

Dann ließen wir das Ufer endgültig hinter uns, und alles Feste verschwand, denn es begann zu schneien. Vor unseren Augen aber entfaltete sich mit jedem Schritt ein Bild, wie es noch nicht viele Menschen gesehen haben, wahrscheinlich, die Kasaner aber schon, denn es war gänzlich weiß.

Der Kreml von Kasan ist ja weiß, aus weißen Steinen gebaut, seine Mauern sind weiß getüncht, seine Kirchen ebenfalls weiß, auch die große Moschee, die da oben steht, ist weiß, aber nun war auch der Hügel weiß, auf den das alles gebaut ist, der Himmel war hell bewölkt, das Wasser vereist und verschneit, über das wir liefen, und die Luft sogar war nun weiß, voller Pünktchen und Flocken, in denen zuweilen alles verschwand wie hinter Vorhängen, die weiß und dramatisch wehten vor diesem weißen Bild.

Einen Augenblick, einen Augenblick hätte ich mir derartig vorstellen können, eine Minute vielleicht, in der man sich kneift und es ist vorbei, aber es blieb so.

Das war nicht Polarlandschaft, ewiges Eis, barbarische, wilde Natur, nein, Kultur war es, feinste Kultur, sorgfältig ausgedacht von Baumeistern vor Hunderten Jahren für ihren Winter, für ihre Hoheit und Feierlichkeit – seht, das sind wir!

In dieses Bild liefen wir hinein, in diese Schönheit.

Das war Kasan.

*

Die Stadt auf dem anderen Ufer dann ebenfalls hoch verschneit, und es schneite ja weiter, nicht nur auf dem See.
Die Straßen, die Treppen, die Stufen, das war alles mit größter Vorsicht zu nehmen, aber weiß eben, und nirgendwo war mehr Gerümpel zu sehen und wo der Putz aufhört und anfängt an alten Gebäuden, diesen Gedanken vergaß ich vollkommen, dagegen die Ordnung erst mal zu erkennen, das war eine Aufgabe, die Ordnung der Straßen und Plätze und eben den Kreml, die Kirchenkuppeln, die überall glänzten und leuchteten aus dem Verschneiten heraus, und die waren golden und hellblau und bunt – mit aufgerissenem Mund lief ich durch diese Straßen.
Kasan!

Selbstverständlich stiegen wir zum Kreml hoch und rein in die weiße Festung, kamen den Kirchen dort näher, der großen Moschee, bis von einem höchsten Punkt die ganze Stadt unten zu sehen war, und ein Fluss um die Kremlinsel herum, die Kasanka. Und wo war die Wolga? Warum war Kasan nicht direkt an ihr Ufer gebaut?

Meine Begleiterin wusste das möglicherweise, aber wir liefen schweigend nebeneinander die ganze Zeit. Nur manchmal gab es ein russisches Oj!, und ein deutsches Ach!, und das war der Schönheit geschuldet.
In Russland führt es zu gar nichts, die Leute auszufragen, das hatte ich schon im Mai begriffen, und sofort war ich selber verstummt, es war ja falsch. Falsch war die Ausfragerei, falsch für sie, falsch für mich, schon lange und überall war sie falsch, die Russen waren nur die Ersten, die es auch zeigten.

Dieser Kreml hier oben war wie eine Stadt für sich, mit einer geraden Straße in der Mitte und rechts und links davon vornehmen, alten Gebäuden.
Drinnen Verwaltungen, Ministerien, wissenschaftliche Institute. An jedem Haus beinah eine Tafel, in Goldbuchstaben Auskunft gebend über seine Nützlichkeit heute, und am nächsten Tag sah ich tatsächlich Gruppen von Menschen mit Aktentaschen abends die Häuser verlassen! Sie liefen die weiß verschneite Straße zum Tore hinaus, so gegen sechs, dann wurde es still im Kreml.
Kein Hilton-Hotel, keine Bar irgendwo, keine Börse und keine Bank. Hier wurde tagsüber noch geforscht und verwaltet, und das Bild eben: Menschen mit Aktentaschen verlassen die teuersten Häuser der Stadt und laufen langsam zu Fuß zum Tor hinaus, dieses Bild habe ich mir gemerkt, so sensationell war das inzwischen, diese ruhige Werktätigkeit noch einmal zu sehen, zwanzig Jahre nach der großen Veränderung, wie sie da liefen im Schein der Laternen mit ihren Aktentaschen.

*

Die Straßen außerhalb des Kremls verliefen hügelab, hügelauf und neu restauriert, aber an manchen Ecken ragten Ruinen ins Bild. Ein passagenartiges großes Gebäude zum Beispiel, dem der Stuck von den Fenstersimsen bröckelte und grüne Netze, die einmal zur Bauvorbereitung gespannt worden waren, längst schon wieder zerrissen im Schneewind, wehten wie schöne Schleier.
Sie winkten uns gleichsam aus ihrer drei- und vierstöckigen Höhe! Geheimnisvoll sah das aus, als wäre hier Budapest oder

Prag, und an einer Ecke ein Bierkeller, eine Brauerei »Bei Fjodor«, die hätte tatsächlich auch heißen können »Bei Franz«. Wir treffen uns nachher beim Franz!
So war Kasan? Eine Stadt in Europa?
Irgend so etwas muss ich gesagt haben, denn meine Begleiterin erklärte nun, dass Lenin in Kasan studiert hätte und Graf Tolstoi und Wera Figner, und Wassili Axjonow sei hier geboren. Jeder der Namen, die sie nannte, zerstörte das Déjà-vu auch schon wieder, das Gefühl der Nähe beim Anblick dieser Balkone dort oben, die mir gerade als ob in Leipzig zu stehen schienen, in Kattowitz, doch das zu erklären war auch nicht nötig, denn meine Begleiterin eilte schon zu ihrer eigenen Verabredung, sie wollte ihrem Sohn eine Wohnung kaufen, denn Kasan sei im Aufstieg, das hatte sie noch gesagt, hielt eine Taxe an und war verschwunden.

Wir waren losgegangen ohne Stadtplan, ohne Richtung, wo war ich, wo das Hotel?
Junge Frauen in eng gegürteten Mänteln und Stiefeln auf hohen Stilettoabsätzen staksten auf den vereisten Trottoiren mühsam an mir vorbei, die hielt ich nicht an, aber als eine mächtige Alte neben mir auftauchte, in flachen Stiefeln und mit einem weißen Kopftuch unter der Fellkapuze, da fragte ich sie nach dem Zentrum, und sie versprach, mich hinzuführen.
– Wer bist du?
Ich verstand nicht.
– An welchen Gott du glaubst, will ich wissen!
Sie war so alt wie ich vielleicht, und das Kopftuch hat sie nicht immer getragen, noch vor fünfzehn Jahren war sie Tierärztin gewesen in einem Staatsgut, eine gute Zeit, wie sie später er-

zählte, eine fröhliche Zeit, und vielleicht deswegen wischte sie ihre klare Frage auch gleich wieder weg, es würde ja sowieso jeder mit einem Glauben an Gott geboren, die Frage sei doch eine andre:
– Wozu?
Wozu bist du auf die Welt gekommen?!

So also stand die Frage, an meinem ersten Tag in Kasan, und laut und deutlich wiederholte die Frau ihren Satz:
– Wozu bist du auf die Welt gekommen?!
Und weiter rief sie, dass jeder sich das fragen müsste, weil alles auf der Welt einen Sinn hätte.
– Du auch! Gott hat es so gewollt!, und dass niemand etwas mitnehmen könnte aus dieser Welt, nur etwas hinterlassen! Kinder vor allem, und die sollte man zu guten Menschen erziehen. Ihre Tochter zum Beispiel, die habe ihr hier in Kasan für die Schulferienzeit eine Wohnung gemietet, damit sie den Enkel betreut. Er sei fünfzehn und müsse täglich zum Leistungssport gehen, sollte nicht abrutschen in die Drogenszene. Sogar Jugendmeister sei er schon geworden, hätte aber nur eine Medaille aus Blech bekommen, statt Gold, und das wär doch empörend.
– So ein Kind nimmt die Welt doch noch ernst!

Den Weg zum Zentrum wusste sie auch nicht, griff sich aber mit der ausgestreckten Hand den nächsten vorbeikommenden jungen Mann, als ob er ihr Sohn wäre, sprach ihn in einer dunklen, rauen Sprache an, das musste Tatarisch sein, und was er erwiderte, klang ebenso rau und dabei so selbstverständlich, dass etwas anderes aufleuchtete – fremdes Gebiet.

Mit meinem Russisch hier war ich auf fremdem Gebiet?
Sie führte mich dann bergab auf verschneiten Bürgersteigen bis zu einer Art Piccadilly Circus, hier war durchaus neues Geld investiert in Hilton-Hotels und Banken, hier wirbelte alles im Neonlicht, Autoverkehr, hier trennten wir uns.
Noch lange winkend im Schneefall lief sie zurück, und eine Ecke weiter stand ich schon wieder in den Straßenzügen des alten Europa, in der Abenddämmerung nun, wo Kirchen von besonderer Größe und Buntheit zwischen den Häusern hervorragten, und aus ihren geöffneten Türen fiel Lichtschein auf das Trottoir.

Wieder fühlte ich etwas Altbekanntes, und dass ich stehen bleiben sollte, aber ganz in der Nähe war schon die Rushhour rings um die Innenstadt deutlich zu hören und erinnerte mich daran, den Heimweg zu suchen, bevor es noch dunkler würde.
Die wenigen Brücken unten am See und am Fluss waren dann tatsächlich dermaßen verstopft, dass es sogar in einer Taxe eine Stunde dauerte zurückzugelangen, auf die andere Seite des Sees, über den wir am Morgen so leicht gelaufen waren.

*

Wieder im Hotel, zeigte ein Bildschirm im großen Restaurant vor dem Frühstücksraum eine Modenschau.
Frontal liefen Mannequins auf uns zu wie böse, geschminkte Soldaten, einer Invasion vergleichbar, die ununterbrochen hereinströmte, alle in schwarzen Klamotten. Manchmal ein Wort dazwischen – Armani, Versace, Galliano –, dann wurden die

Kleider weiß, auch mal grau, sogar Hochzeitsroben exerzierten heran – aber schnell dann wieder die schwarzen Kleider und Tücher, endloser Einmarsch der Fledermäuse voll auf uns zu, auf die Zuschauer, und vorne dann – hui!! – flatterten sie auseinander, nach rechts und nach links, und schon exerzierten die nächsten heran.

Es war der 21. Dezember, Stalins Geburtstag, der hundertdreißigste. Das Moskauer Fernsehen hatte eine Sendung dazu vorbereitet. Oben in meinem Zimmer, gemütlich im Bett, sah ich zu. »Stalin ist mit uns!« – so hieß das Motto, es ging um Pro oder Kontra in einem Saal voller Menschen, die sich stark echauffierten.
– Das Volk hat ihn geliebt! Wir alle!, rief eine Frau.
Eine Psychologin sprach darüber, dass die Bevölkerung der Sowjetunion tatsächlich wie verliebt gewesen sei in den Mann, und es sei eine kranke Liebe gewesen, je mehr er sein Liebchen gequält hätte, umso mehr hätte es ihn angebetet.
– Reden Sie keinen Blödsinn!, tönte es aus dem Saal. Und:
– Wir lassen sein Andenken nicht beschmutzen! Er ist unser Vater für immer!
Dem Sender zuliebe hatten junge Männer probeweise mal in Moskau ein Stalin-Denkmal aufgestellt und Passanten beobachtet, die aber nur gleichgültig daran vorbeigingen und auf Anfrage auch mit den Schultern zuckten. Dieser Film wurde nun vorgeführt.
– Warum diese Gleichgültigkeit der Passanten?, fragten die Moderatoren.
– In Deutschland würden Sie angezeigt werden, wenn Sie so was mit Hitler täten!

Das sagte ein Mann aus der kleinen Gruppe, die »Kontra« auftrat. Ziemlich einsam erschien er mir. Es folgten die Weltnachrichten mit starken Schneefällen in ganz Europa, Italiens Flugplätze alle gesperrt, und am nächsten Morgen herrlich die riesige Baustelle vor dem Fenster, die blinkende Autogirlande, und im Café unten liefen die schwarzen Frauen schon wieder feindlich und schwungvoll uns allen entgegen und wedelten mit ihren Tüchern.

*

Was aber auch für Umwege zu dieser Maria!
Ein ganzer Tag war verschwunden im Nichts und im Schnee. Diesmal ließ ich eine Taxe bestellen, und schon konnte ich Kasan aus dem Autofenster betrachten, die Pontonbrücke, die Villenstraßen bergauf und bergab – Stadt auf den Hügeln, glückliche Stadt!
Wir hielten vor einem hohen Tor. Dahinter die Kapelle des ehemaligen Bogoroditzker Klosters – Kloster der Gottesgebärerin.
Der Platz vor dem Gebäude verschneit und leer und auch drinnen niemand zu sehen. Eine Treppe führte nach oben, flache Stufen, offenbar frisch gescheuert, denn es roch es nach Seifenwasser und nassem Holz, wie bei meiner Großmutter roch es, in ihrem Holzhaus, wenn sie gewischt hatte.
Wahrscheinlich würde der Eintritt weiter oben kassiert, die Bewachung dort stehen, die Taschenkontrolle, dort oben, auf dem Treppenabsatz – nein, alles leer. Aber links stand eine Tür offen, dahinter leuchtete Gold.
So einfach war das?

Ja, das war keine Kirche hier, es war die Kapelle des Klosters, ein großes Zimmer, sehr hoch und mit Fenstern an beiden Seitenwänden, der Saal also hell vom Tageslicht, das ja ein Schneelicht war, draußen.
Die Stirnwand des großen Raumes war vollgehängt mit Ikonen, die Kasanerin rechts an der Seite, eine niedrige Holztreppe stand davor. Wer wollte, konnte sich daraufstellen und ihr direkt in die Augen sehen. Mehr Kult war nicht.

War das nun eine Herabstufung, eine Maßregelung für die Emigrantin, die in Fatima und in New York und von der gegnerischen Kirche in Rom hochverehrte, die der polnische Papst ja zuletzt sogar kaufen ließ?
Er hatte dies Bildnis persönlich zurückbringen wollen nach Russland, als ein Zeichen der neuen Freiheit des Glaubens nach dem Ende der Sowjetunion. Aber die Moskauer Patriarchen hatten Versöhnungsgesten aus Rom zuerst von sich gewiesen, den Wert der Ikone bezweifelt. Nur die Vertreter von Tatarstan hatten nicht lockergelassen. Tataren also, und das waren Moslems, waren die Ersten gewesen aus Russland, die in Rom um Rückgabe baten. Denn Kasan wurde tausend Jahre alt, im Jahr 2005, und ein Pilgerzentrum sollte entstehen, nicht schlechter als Lourdes oder Fatima. Schließlich, auf vielen verschlungenen Wegen und doch über Moskau, gelang es, man brachte sie her.

Und hängte sie dann so banal an die Seite?!

Ich fühlte es geradezu rattern in meinem Kopf, alle die Rädchen und Farbsensoren, die gewohnt waren, Status und Hierarchie

in Zehntelsekunden sofort zu erfassen, mein Gott, war ich krank, denn zu gleicher Zeit spürte ich doch, dass es gut war. Sie war einfach da, hing dort an der Seite, für jeden.
Und natürlich zögerte ich. Sollte ich wirklich auf diese Stufen steigen? Was wollte ich ihr denn sagen? Ich konnte ja nicht einmal beten!
Aber beten heißt bitten und bitten kann jeder, doch deswegen war ich nicht hergefahren, ich wollte sie sehen.
Warum? Wenn sie so besonders war, würde ich es wissen, dachte ich und ging nach vorne.

Es heißt von den Ikonen, dass sie als Bilder nur deshalb erlaubt wurden in der Orthodoxie, weil es Urbilder echter Heiliger sind, die ja die irdische Welt längst verlassen haben.
Da man ihnen nun aber direkt gegenüberstünde, sei man in diesem Moment eben auch am äußersten Rande der irdischen Welt angekommen und stehe nun dort, wo der Himmel beginnt. Es öffnet sich quasi ein Fenster zum Paradiese, und man kann mit der Heiligkeit reden.
Die heilige Muttergottes von Kasan, wie sie im Frauenkloster von Kasan jetzt hängt, ist ein Bild von etwa fünfzig mal sechzig Zentimetern, das Gesicht der Maria ist lebensgroß.
Auf den Holzstufen stand ich auf Augenhöhe, dafür waren die Stufen gemacht, und das war ungewohnt, solche Nähe.
Sie sah mich an!

Das ist falsch, hatte schon ein Freund in Berlin mir gesagt, ein Experte, ein Spezialist, das ist nicht richtig, das kann auch nicht sein, sie hat auf das Kind zu schauen und nur auf das Kind – aber nein! Welch ein Blick!

Das Wort dafür fehlt mir. Es kann auch keins geben, darum ist das Bild ja gemalt worden, weil es mit Worten nicht ausdrückbar ist, und es traf mich vollkommen unerwartet.
Dieses: »Da bist du ja.«

Und dass sie das nicht zurücknimmt, diese Frau, sich nicht abwendet, dass kein Aber folgt, keine Bedingung.
Sie bleibt, wie sie ist, und hält diesen Blick, einen Blick, der es wert ist und würdig, von Juwelen der teuersten Farben und Größen umrahmt zu werden, funkelnd und sprühend, aber diese Pracht sah ich erst später auf der Fotografie, denn vor ihrem Bildnis stehend, sah ich nur sie. Die Kasanerin.
Ganz von alleine begann ich mit ihr zu sprechen, schließlich schlug ich sogar ein Kreuz und verneigte mich.
Irritiert stieg ich die Stufen dann wieder hinunter, es waren nur wenige, drei vielleicht, und stand nun herum in dem Raum.
Ich wollte noch bleiben. Jetzt wollte ich bleiben, aber wie, aber was hier noch tun? Sofort fiel ich in alte Gewohnheiten, betrachtete alle die anderen Bildnisse und die vielen billigen Ikonen, die in der Ecke gegenüber der Kasanerin aufgebaut waren, die waren zu verkaufen, in der anderen Ecke des Raumes dasselbe, auch hier gab's Ikonen und Bücher dazu, ich wollte also, wie ich es gewohnt war, Gefühl in Bewegung umsetzen, Einkaufsbewegung, und tat das dann auch.
Auf den Holzstufen vor der Kasanerin stand inzwischen eine andere Frau und redete, und neidig sah ich dorthin, am liebsten wär ich noch einmal, ja, das tat ich, ging noch einmal hin, und am nächsten Tag auch. Ging auch in die anderen großen Kirchen der Stadt, ging zum Gottesdienst, es war ja Weihnachtszeit und ich eine Pilgerin?

Als Rastplatz zwischendurch hatte ich ein kleines Lokal gefunden, tatarisch, so glaubte ich, usbekisch in Wirklichkeit. Drei Usbekinnen kochten und trugen auf, frische, dampfende Suppe, oder gekochte Fleischklöße in einem Nudelteig. Es war still in der Gaststube, ein Fernseher lief, die Frauen saßen an einem eigenen Tisch und redeten, lachten, sie fragten nichts und freuten sich, wenn es den Gästen schmeckte.
Für meine Ikonen, die ich ab und zu auf den Tisch stellte, wenn ich wieder eine gekauft hatte, hatten sie keinen Blick. Es waren billige kleine Nachahmungen, aber doch gut gemacht, und täglich kaufte ich eine neue. Ich näherte mich der Sache.
Maria mit ihrem Kind.

In der Orthodoxie gibt es unterschiedliche Darstellungen der Maria. Die Kasanerin ist immer diejenige, welche den Sohn auf dem linken Bein sitzen hat.
So eine Ikone hatte ein kleines Mädchen in Kasan gefunden, zwanzig Jahre nach der Eroberung von Kasan durch Iwan den Schrecklichen, und von Anfang an soll sie Wunder getan haben. Deswegen wurde sie 1612 auch dringend angefordert von Moskau, das von Polen und Litauern damals erobert war.
Noch im gleichen Jahr gelang Moskau der Sieg, seitdem war die Muttergottes von Kasan die Hauptikone Russlands und Schutzheilige des Herrscherhauses Romanow. Überall wurden ihr Kirchen errichtet, und sie selber wurde herumgeschickt, oder eben Kopien von ihr.
Eine Kopie zu sein ist normal für Ikonen, nur gibt es ältere und ganz alte, manche sind wundertätig, so heißt es, so wird es geglaubt.
Es wird auch erzählt, dass Stalin in höchster Not, als die deut-

sche Wehrmacht im Winter 1941 vor Moskau stand, die blinde Seherin Matrona zu sich rufen ließ, mit der Frage, ob Gott jetzt noch helfen kann.
Ihre Antwort wäre gewesen, er solle die heilige Gottesmutter von Kasan dreimal um Moskau herumtragen lassen. Da aber die Deutschen an einigen Stellen schon den Stadtrand erreicht hatten, ließ er die Kasanerin in ein Flugzeug packen und dreimal um Moskau herumfliegen, und die Deutschen wurden vor Moskau geschlagen.
Ob es so war? Und welche Kasanerin soll das gewesen sein? Diese, die jetzt hier im Kloster hing, war bereits 1920 von einem englischen Juwelier gekauft worden, aus einem Angebot an Kirchenschätzen – die Sowjetmacht war da nicht zimperlich, sie brauchte Geld. Die kann es nicht gewesen sein, die Stalin um Moskau herumfliegen ließ. Aber welche war es dann? Wer wusste denn in der Sowjetregierung überhaupt noch Bescheid über solche Bildnisse?
Sie hatten ja so viel zerstören lassen, verkauft und verschenkt!
Und davon abgesehen: Die ursprüngliche Maria von Kasan, die, welche das Mädchen hier in Kasan gefunden hatte, war schon im Sommer 1904 aus dem Kloster gestohlen worden.

Das war allerdings ein sonderbar exaktes Datum. Denn kurz darauf begann das Jahr 1905 mit einer Revolution. Von da an versank Russland in Chaos und Anarchie, nicht erst 1917.
Hat sie Russland alleingelassen?
Ohne Schutz nun für hundert Jahre und länger? Sie ist ja immer noch nicht zurück.
Die Frauen im Kloster, die die billigen kleinen Ikonen verkauften, hatten es mehrmals gesagt:

– Es ist doch nicht die Echte. Die Echte hat man schon lange gestohlen.
Sie waren skeptisch ihr gegenüber, und außerdem ehrlich. So ehrlich, wie sie hier alle waren, die älteren Frauen in ihren Verkaufsständen.
In Moskau schon war es mir aufgefallen, als ich meinen Freunden etwas wirklich in Russland Gefertigtes mitbringen wollte. Die Antwort auch an der ärmsten Bude war immer gewesen:
– Wenn Sie das wollen, dann kaufen Sie bitte nicht bei mir, hier ist alles aus China.

Alle sprachen sie leise, und alle wollten sie ehrlich sein, nur nicht etwas Falsches vorgeben. Wenn ich eine Ikone kaufte, und das waren alles nur Drucke auf Stanniolpapier, mal gerahmt, mal auf Holz oder Kunststoff aufgezogen, manche auch von einem Blech eingefasst, gold- oder silberfarben, dann holten sie immer neue und andere aus irgendwelchen Schubladen, verglichen sie mit mir zusammen, erzählten, was sie über diese Darstellung der Maria wussten, denn jede war anders, und wenn ich mich endlich entschlossen hatte für eine, dann freuten sie sich, hoben deren Vorzüge noch mal hervor, suchten lange nach der passenden Schachtel, denn irgendwo musste sie sein, und sie fanden sie auch und bedankten sich, und vor allem: Wir sprachen immer von Gleich zu Gleich bei der ganzen Sache, wir sahen uns an.
Das kam daher, dass sie Frauen waren wie ich, und genau das auch von mir annahmen – da ist eine Frau wie ich. Und ich glaube nicht, dass sie darüber nachdachten.

*

Großartig waren die Kirchen Kasans, aber leer. Beinahe leer. Seit der Perestroika, also dem langsamen Zerfall der Sowjetunion, waren alle restauriert worden, viele hatten ewig leer gestanden oder waren als Lager genutzt worden, als Schulen, nun aber neu ausgemalt und als Kirchen wieder eröffnet und zuerst wohl auch stark besucht. Ich habe das nicht gesehen.
Im Gegenteil. Zum Nachmittagsgottesdienst am 24. Dezember war ich in den großen Dom auf dem Kreml gegangen, wollte zum ersten Mal einen »Dienst«, wie es hier heißt, erleben, mitmachen, und das tat ich dann auch, mit vier anderen einzelnen Leuten, während hinter einer dicken roten Kordel unentwegt Besucher in Gruppen an uns vorbeidefilierten – mit Blick nach oben und zu den Wänden, Kunst suchend, Kunst natürlich, was sonst?
So lief ich selber gewöhnlich durch Kirchen. Immer versucht, an den Betenden einfach vorbeizusehen, sie sind Luft sozusagen.
Nun war ich selbst so ein Stückchen Luft, bemüht um Konzentration auf drei Priester, die vor uns sangen und wie im Tanz mit Weihrauchgefäßen in den Türen der Wand, vor der sie sangen, auch manchmal verschwanden.
Gesang tönte auch von dort, etwas wie Engelsstimmen, zu sehen war nichts, dann kam wieder einer heraus, dann der Zweite, dann sangen sie vor der Wand, sprachen zu uns und im Chor mussten wir den Gesang ergänzen und uns verbeugen, verbeugen, verbeugen.
Stühle gab's keine und Bänke auch nicht, das war mit dem ganzen Körper hier abzumachen, mit der Lunge, den Händen, dem Oberkörper und schließlich den Beinen, den Füßen dazu, denn standfest musste man sein für eine Stunde, für zwei, und

es ging immer weiter und immer dasselbe, die Tanzbewegung dort vorne, der Weihrauch, die Engelsstimmen und immer dasselbe Gebet, eine Tonfolge eigentlich nur, »lasst uns beten!« hieß sie, »Mein Gott, lasst uns beten!«, »Mein Gott, lasst uns beten!«.
Ab und zu verließ einer der Betenden einfach unsere kleine Gruppe und es kam auch mal jemand hinzu, das war offenbar möglich, und schließlich, es mochten drei Stunden vergangen sein, segneten die Männer dort vorne uns alle und drehten sich um in ihren langen goldenen Gewändern und gingen und kamen nicht wieder.
Monoton war das gewesen, ein, zwei Töne, immer die gleichen. Anstrengend auch. Schwere Arbeit im Grunde. Und nicht zum ersten Mal fragte ich mich, warum die Russen sich alles so schwermachen müssen.
Aber diese Tonfolge, die wir zu singen hatten über die lange Zeit, war schlauer gewesen, als ich gedacht hatte. Das Gefühl einer inneren Reinigung ließ sich nicht leugnen, und hinaustretend ins Freie, musste ich sogar lachen.
Warum eigentlich? Einfach so.
Der Kopf war frei, und der festgetretene Schnee im Laternenlicht glitzerte märchenhaft schön. Sternenhimmel?
Natürlich. Ich sah auch nach oben.

Umso befremdlicher bald darauf der Anblick der Mannequins auf ihrem Laufsteg in Mailand oder Paris, wie sie heranhetzten, wie sie uns ansahen, wie sie die Ärmel ihrer Umhänge und Mantillen in unsere Richtung schleuderten und dann vorn an der Rampe sich selber nach links und nach rechts warfen und die nächsten heranrückten, der Aufmarsch, man konnte ihn

ignorieren, aber man konnte ihn auch betrachten, bewundern, ein Ende suchen, den Anfang der ewigen Wiederholung, irgendwo musste er sein.
Ich setzte mich so, dass ich das nicht mehr sehen musste, aber es war wie bei diesen alten Porträts, deren Augen so gemalt sind, dass sie den Blick jedes Menschen im Raume fixieren, ob er will oder nicht – die schwarzen Frauen beherrschten den Raum vollkommen, diese dünnen Mädchen. Wie sie ihre Beine schmissen, die Arme schwenkten, ihr Tanz schien ins Leere zu gehen, aber so war es nicht, und manchmal war eines der zuckenden Wesen auch wirklich verlockend schön.

*

Kaum Gäste abends in dem Café, es war ja teuer, unendlich teuer für den normalen Bürger hier. Nur die Frau, die die Wohnung suchte, die setzte sich zu mir am zweiten Abend, sprach von den vielen verschiedenen Neubaugebieten hier in Kasan, man kann eine Wohnung ja nicht nach Papierform kaufen, eine Maklerin hat sie herumgefahren, aber zu groß, die meisten waren zu groß, und ich erzählte von Kirchen und der Kasanerin.
Tee trinkend, wir beide und beide auch meist auf die Modenschau starrend, widersprach meine Nachbarin mir aber, was deren Heiligkeit betraf. Der wahre Heilige Russlands wäre ein Mann, der bei Moskau begraben läge. Ich verstand den Namen nicht, sie schrieb ihn mir auf, und so steht es in meinen Notizen: Sergij Radoneshskij.

Regelrecht begeistert erzählte mir meine neue Bekannte von diesem Sergij, der ein Adliger aus Rostow gewesen sein soll und als Einsiedler lebte, bei dem sich ein jeder Mensch Rat holen konnte, die russischen Fürsten sogar.

– Unser Zar war doch damals der Khan, der mongolische Khan, sagte sie.

– Sie hatten uns besiegt!

Sie beschrieb die Taktik der Mongolen, in unendlichem Reitersturm den Gegner hinwegzufegen. Nur der russische Fürst Dimitri Donskoi hätte eine Idee gehabt, sie zu bremsen und zu verwirren, er hat sie angegriffen, aber erst nachdem eben dieser Sergij im Wald ihn ermutigt hatte und ihm seinen Segen gegeben.

– Und Dimitri hat dann gewonnen?

– Die Schlacht schon, aber endgültig vertrieben waren sie noch nicht, doch seitdem wussten wir, man kann sie schlagen.

Und das hätte dann eben Iwan der Vierte getan, den man den »Schrecklichen« nennt.

So schrecklich sei der aber nicht gewesen, denn seinen Sohn hätte er gar nicht erschlagen, wie immer erzählt würde, Peter der Große dagegen, der habe nun wirklich den eigenen Sohn umbringen lassen. Peters Mutter sei übrigens die bekannte Natalja Naryschkina gewesen, und über die hätte sie gerade in einem Roman gelesen, wie der alte Zar Alexej sie zur Ehefrau ausgewählt hat. Und zwar soll er den Bojaren befohlen haben, ihre heiratsfähigen Töchter zur Brautschau zu schicken. In einem großen Saal sollte sich jede angekleidet und mit geschlossenen Augen auf einen Diwan legen. Er aber mit seinem Krückstock ging von einer zur andern und betrachtete sie. Die Jüngste von ihnen aber wollte zu gerne wissen, wie

er aussah, der Zar, und als seine Schritte sich näherten, sein Stock auf den Boden schlug, da blinzelte sie, sah sein hässliches, altes Gesicht und schrie laut vor Schreck, und die hat er genommen.
– Warum die?
– Weil er klug war, natürlich, und sie ebenso. Eine kluge Frau lässt sich nicht einfach beherrschen!
Und während ich zuhörte, schritten die schwarzen Frauen unentwegt auf uns zu und an uns vorbei und verbanden sich in meiner Erinnerung für immer mit Worten, zu denen sie gar nicht gehörten – mit dem Namen Kasan, mit dem Namen Iwan und dann wieder mit dem Namen Kasan.

Denn die Frau neben mir sprach jetzt schon eine Weile wieder über die Stadt eben, dieses Kasan. Jelzin zum Beispiel!
Seine Eltern wären mit ihm, als er grad neugeboren war, hierher geflohen aus dem Ural, weil die Großeltern dort als Kulaken verfolgt wurden. Dem Großvater hatte man das Ackerland weggenommen, das Haus und das Vieh, er war verhaftet worden, die Familie in alle Winde verstreut, und da hatten die jungen Leute gedacht, es wäre am einfachsten, allen Nachfragen zu entgehen, indem sie sich auf eine Großbaustelle des Kommunismus meldeten, und so fuhren sie weit, weit weg nach Kasan! Hierher also mit dem Knaben, man baute gerade das neue Flugzeugwerk auf, der Vater war Zimmermann, aber wegen aufrührerischer Reden ist er bald verhaftet worden. Da war der kleine Boris drei Jahre alt und seine Mutter Claudia allein mit dem Kind!
Ja, ausgerechnet in Kasan hatte diese Claudia geweint und gebetet, allein wie sie war – oder nicht in Kasan?

Für einen Augenblick stockte der Redefluss meiner neuen Bekannten. Es hatte so viele Baustellen des Kommunismus gegeben, ganz sicher war sie da nicht, auf jeden Fall wäre aber schon damals ein Wunder geschehen, insofern als Claudias Ehemann freikam! Bettelarm natürlich, die kleine Familie, ja, so hätte es angefangen, das ungewöhnliche Leben von Zar Boris.
Und gleich kam der nächste Zar aufs Tapet, Peter der Große, mit dem Mord an dem eigenen Sohn und der Bemerkung, dass er ja sowieso ein Untergeschobener war:
– Er wurde doch ausgetauscht.
Sie wunderte sich, dass ich davon nichts wusste, die Deutschen hätten das getan, hätten den echten Peter im Ausland verschwinden lassen, einen falschen nach Moskau zurückgeschickt. Wer aber dieser untergeschobene Fürst nun wirklich gewesen sei, dieser Modernisierer Russlands, das wüsste noch keiner bisher, aber es sei auch egal, denn auf jeden Fall:
– Er hat uns auf den falschen Weg geführt.

Das alles hätte sie auch erst nach der großen Veränderung erfahren, der Perestroika, was ja auch »Umbau« hieß. Von da an wäre es eine Leidenschaft aller geworden, Neues über die eigene Geschichte zu lesen, sie hätten doch nichts gewusst!
Die Kommunisten hätten doch nur gelogen, und sogar die alte Geschichte des russischen Volkes verfälscht.
Es sei ja viel älter, als ihnen erzählt worden war, viel weiser gewesen, viel mächtiger.
Aber nun sei es eigentlich auch schon zu spät für solche Erkenntnisse. Wie es weitergeht, künftig, das wüsste niemand, nur eins wäre klar – bald würden weltweit die Lichter verlöschen, und dunkel würde es werden, ohne Elektrizität.

So etwa endete an diesem Abend unser langes Gespräch in dem großen Café eines hell erleuchteten neuen Hotels in Kasan, und es hatte mich dermaßen beeindruckt, dass ich vergaß zu fragen, warum sie dann zum Teufel noch mal eine Wohnung hier kaufen wollte.
Später, oben im Zimmer schon, fiel mein Vater, der Kommunist, mir noch ein, mit seiner Begeisterung für die russische Kraft und Erneuerung. Was hätte er dazu gesagt, dass die Bürger der großen Sowjetunion nach der gelungenen Elektrifizierung sich für die Zukunft das Licht wieder ausknipsten?
– Eine Kleinbürgerin.
Das hörte ich ihn plötzlich sagen, laut und deutlich:
– Eine Kleinbürgerin.

Wie entschieden er das gesagt hatte, ein Urteil geradezu: Kleinbürgerin. Noch am nächsten Morgen beim Frühstück dachte ich daran, mit Blick auf den See.
Der lag ruhig da, zugefroren. Inzwischen wusste ich auch, dass der Drachen Silant darin wohnen soll. Er sitzt auf dem Grunde des Wassers da unten, über das wir gelaufen waren.
Das hätte ich gestern erzählen können, oder jetzt, wenn sie zum Frühstück herunterkäme, die Frau, die die Wohnung suchte.
Wie gut sich das hätte ausmalen lassen – die arme Claudia, Jelzins Mutter, da draußen am Ufer allein, mit dem Kind auf dem Arm läuft sie hin und her, weinend und ratlos.
Und grässlich, wie es nun einmal ist, kommt es aus dem Wasser gepatscht, das Vieh aus der Urzeit und knurrt: Weine nicht. Dein Sohn wird der Zar von Russland!
Wie hätte die arme Claudia sich da erschrocken!
Russland war abgeschafft, der Zar erschossen!

Denn auch sie als ein Kind ihrer Zeit wird geglaubt haben an die Elektrifizierung. Daran hatten doch alle geglaubt, oder etwa nicht?
Das könnte sie mir noch erklären, die Frau, die die Wohnung suchte, aber sie kam nicht. Nur die schwarzen Mannequins, so wie immer.

An diesem Tag fand ich die Universität.

*

Ich war durch die tiefer liegende Gegend unterhalb des Kremlhügels gestreift, die Gegend, in der ich schon am ersten Tage verweilen wollte, nachsehen, stehen bleiben, um die Ecke gehen, ja – um die Ecke sehen, und da stand sie, ein breitgezogenes Säulengebäude mit Denkmal und Bäumen davor, das war sie, die alte Uni.

Lebendig, alles lebendig, Geschubse im Vorraum und in den Wandelgängen, vorne unter den Kollonaden wurde geraucht und gequatscht, man kam kaum dran vorbei, Abschiede offenbar schon, es waren die letzten Tage vor den Ferien – »Sehn wir uns noch mal in diesem Jahr?« – »Ich fliege nach Hause! – »Mach's gut!«
Ich ließ mich durch die Korridore treiben, die Marmortreppen hinauf und hinunter, es gab da Säle mit Seidentapeten und feinstem Stuck an den Zimmerdecken und Fotos an allen Wänden. Porträts. Klein manchmal, manchmal nur Passbildern ähnlich, aber was für Gesichter!

In Oxford hatte ich alte Porträts der berühmt gewordenen Studenten als Ölbilder in Speisesälen hängen sehen, in Bibliotheken, hier waren es Fotos der zwanziger Jahre, der dreißiger Jahre, Fotos von jungen Männern und Frauen.
Und was einem Menschen manchmal anzusehen ist – der Glaube an Gutes und Wahres, das leuchtete hier von beinahe jeder der alten Fotografien. Ganz unglaublich war es und doch ist es wahr: In der Universität von Kasan sind ganze Säle gefüllt mit den Fotos von Idealisten, und den Fortschrittsglauben in ihren Augen, wie soll ich ihn jemals vergessen?

Die Bildunterschriften unter den alten Fotos nannten die Namen der jugendlich strahlenden Helden und ihre Erfindungen, ihre Lebenszeit. Sie waren auf alten Schreibmaschinen getippt und schon diese gar nicht perfekten Zettelchen enthielten auch oft ein Fragezeichen beim Todesdatum oder ein Sätzchen vom Sterben im Lager oder im Krieg – einen kurzen Satz auf einem schmalen Streifen Papier. Diese Kargheit ließen ahnen, wer da alles fehlte von den Gelehrten, die Wand der Erfolgreichen, Großen niemals erreicht hat, an ein Foto im Glaskasten nie auch nur denken durfte, so viele, so viele, wie viele, die früher, viel früher noch lustig, begeistert, beflügelt durch Kasan zogen, alle zusammen.
Dazu passte dann plötzlich die grüne Gardine, die uns zugewinkt hatte von dem alten Balkon und die Kellergewölbe der Brauerei, und die Zigeunerromanzen, die dort mit Sicherheit gespielt und gesungen wurden, und der hochmütige junge Lenin passte dazu, wie er direkt gegenüber dem Haupteingang als Statue steht und herausfordernd auf seine Uni blickt.

Frische Blumen lagen davor, Tulpenstrauß.
Er ist hier exmatrikuliert worden als ganz junger Mann, rausgeflogen, weil er einen Streik organisiert hatte. So fing alles an. Hier in Kasan. Auch das in Kasan: Lenins politische Tätigkeit. Da stand er nun trotzig, ganz jung und aus Stein:
Wladimir Uljanow. Da steht er.

Bänke und Büsche drum rum, eine Grünanlage, junge Leute auch dort, alles fröhlich und locker, sah gut aus, sah sehr gut aus, hier vor dem Haus, drinnen auch und so ist es geblieben. Ich ließ mich hineindrehen geradezu, ließ mich fallen, reinfallen, fühlte mich frei, denn im Grunde war alles hier Hügel und Stufe und Runter und Rauf, und einfach war das, hinunter in eine Mensa zum Beispiel, wo keiner fragte, ob ich hier auch hingehöre und ob ich nicht etwas zu alt bin, warum aber auch, ich war ja ganz jung, und rechtmäßig ging ich der Nase nach, dorthin, wo es zum Spottpreis ein Essen gab, das wirklich noch danach roch, was es sein sollte, und reichlich gegeben wurde – Mädchen, willst du noch Nachschlag?
Goldbraune frische Piroggen, rote Suppen und das Aprikosenkompott, und die nächsten Treppen runter ging's in einen Studentenclub, wo abends getanzt wurde und eine Bar in der Ecke stand, selbstgebaut möglicherweise, und Straßen führten den Hügel hinunter, den Hügel also zurück und bergab zu dem Piccadilly Circus.

So, auf dem Schnee und dem Eis, lief man leicht und im Dunkeln, es waren die kürzesten Tage des Jahres, auch alle Passanten liefen so schnell, und unten gab's plötzlich auch ein Café, mein Café, das sah ich sofort, von außen schon, durch die

Scheiben schon sah ich es, ich hatte es wieder einmal gefunden, aber die Klinke schon in der Hand, drehte ich mich noch einmal zur Kreuzung, warum?
Das Trappeln der Füße auf Schnee? War es das?
Diese Leute da alle – was war es, was gab's da zu sehen?
Sie wollten nach Hause!

Das war es, das, denn es war ja dasselbe wie oben im Kreml, die Leute da mit ihren Aktentaschen. Dort gingen sie fort und zum Tore hinaus, aber hier kamen sie, liefen an mir vorbei, und ich sah, was mir früher ganz selbstverständlich gewesen war: Jeder hatte ein Ziel, und er ging auch dorthin, genauer gesagt: Dort, wo jetzt gerade sein Ziel war, das war das, wo er auch hinwollte.
Jedenfalls sah es so aus, denn er hetzte sich nicht und er bummelte nicht, er war nicht erschöpft wie in Moskau die Leute und nicht nachlässig wie in Berlin, er lief, ganz in seinem eigenen Leben, fraglos und ruhig nach Hause.
Hätte ich einen von ihnen angehalten und nach dem befragt, was mir so durch den Kopf ging, er hätte wahrscheinlich gesagt, so sei es doch immer: Ich gehe nach Hause.

Für einen Augenblick gehörte ich dazu, für diese kurze Zeit, die Hand an der Klinke des fremden Cafés, es sollte nicht aufhören! So war ja auch mein Leben einmal gewesen, so selbstverständlich und niemals bezweifelt, gerade das, diese Abendstimmung werktätiger Menschen, gebildeter Menschen, zu Berufen gebildet, Berufen, die wirklich gebraucht wurden, die jeder verstehen konnte, jedem also verständliche Arbeit, verständliche Menschen, das hatte es einmal gegeben, ich kannte das alles, aber hier war noch etwas anderes dabei, ein Gefühl, eine Gefühlsmischung: Freude. Ganz einfach Freude, ein reines Nichts eigentlich, eben das nur: Ich bin gleich da!

Ich dachte an meine Mutter, hier, vor dem schönen Café. Ich war mir auf einmal ganz sicher, wie es war für sie, im Schneelicht im Dunkeln nach Hause zu gehen am Abend, als junge Frau, junge Lehrerin, als Tochter und jüngere Schwester, sie hat gerade noch etwas eingekauft, etwas bekommen, was selten zu haben war möglicherweise, und trägt es im Arm und hat Freude daran, das gleich auszupacken, und Freude an ihren Schuhen, den schönen, die sie unter sich laufen sieht, und an ihrer Jugend natürlich und dass sie so schnell und so sicher hier auftritt und vorbeihuscht an dieser Ecke, im vollen Bewusstsein ihrer prallen Zukunft, natürlich, von der sie ja noch nichts Genaues weiß, die sie aber erahnt, die ungeborenen Kinder, die Nächte mit einem Mann und die Walzer, die sie noch tanzen wird, und alles in diesem Zuhause, dem großen, verschneiten Zuhause, meine Mama – ganz nah und vorbei. Dann plötzlich war der Platz leer.

*

Wenn es einen Moment gibt, der diesem Gefühl am nächsten kommt, dort vor dem Café im Winter, Kasan, dem Bild meiner Mutter als junger Frau, dann ist es ein Nachmittag im Juli in Sibirien.

Damals stand das Blockhaus meiner Großeltern noch, mit seiner Veranda und dem hohen Holzzaun, wie es üblich war, Garten dahinter mit Holzklo darin.

Zur Straße hatten die hohen Fenster schöne Fensterläden, das Holz war in Mustern verziert und drinnen, wenn ich morgens wach wurde, schien die Sonne durch diese ausgesägten Muster ins Zimmer, bildete Lichtmuster an den Wänden. Sonnenstrahlen führten dorthin, zu den Mustern, standen wie leuchtende Stäbe, in denen Staubkörner flimmerten, still in der Luft, und die betrachtete ich, wenn die anderen morgens noch schliefen.

Zauberhaft waren sie, wunderschön, diese Strahlen am Morgen in unserem Zimmer. Es war ja Sommer. Wir kamen im Sommer aus Berlin zu Besuch, meine Mutter mit uns, meiner Schwester und mir. Wir waren kleine Mädchen, unsere Kleidchen und Mäntel waren alle von meiner Mutter genäht, sie hatte sie immer aus dem gleichen Stoff genäht, so dass jeder erkennen konnte, dass wir Schwestern waren, zwei kleine Schwestern, mal kariert, mal geblümt und die Kragen und Ärmelmanschetten einfarbig abgesetzt.

An diesem Tag, von dem ich reden will, war sie weggegangen, einfach so. Ob sie jemanden besuchen wollte, oder etwas einkaufen, es war Nachmittag und sie kam nicht zurück.

Zuerst wird es mir nicht aufgefallen sein, aber irgendwann begann ich zu warten, irgendwann fragte ich meine Tante, die nun auch begann sich zu wundern und auf die Uhr zu sehen, der nächste Schritt war dann das Weinen, zuerst ich und danach meine Schwester, die jüngere, kleine, die vielleicht gar nicht wusste, warum ich weinte, und meine strenge Tante, die mit kleinen Kindern nichts anzufangen verstand, wurde ärgerlich, schimpfte, sie würde schon kommen, und gleichzeitig rief sie: Wo bleibt sie denn nur, eure Mutter – und dann kam sie.

In diesem Augenblick, als sich das Tor öffnete, stand da eine Frau, erhitzt und sehr jung, das Kleid eng gegürtet, wie sie es immer trug, aber eben – das war minutenlang nicht meine Mutter!
Das war das Mädchen, das hier immer gewohnt hatte, die jüngere Schwester von der da, die über sie schimpfte, dass sie immer nur machte, was sie wollte, Valentina, und die – alles abwehrend mit einer Kopfbewegung – entgegnet: Puh! Ich war gar nicht lange weg!
War dieser Nachmittag damals auch für meine Mutter etwas Besonderes gewesen? Sie hatte sich doch längst verabschiedet von den alten Freunden und dem Zimmer mit den Sonnenstrahlen am Morgen, mehrfach bereits verabschiedet, mit Umarmungen, Tränen, aber an diesem Nachmittag, da kam sie ganz unbezweifelt als Kind dieser Stadt und des Hauses zum Tore herein und stand da so grade und selbstverständlich, so stark, wie ich sie nie mehr gesehen habe. Zuhause eben.

Auch ihre Mutter lebte ja noch, meine Großmutter. Eine alte Frau, ich hatte Angst vor ihr und das trennte uns. Alte Leute waren mir unbekannt.
Meine Großmutter war unzufrieden mit meiner Mutter, das spürte ich, ja wir beide spürten es, meine Schwester und ich, schon deshalb hielten wir Abstand.

Warum war sie denn unzufrieden?
Weil wir wieder wegfahren werden, natürlich, wir fahren zurück nach Deutschland.
Und genau das wollten wir auch, meine Schwester und ich.
Hatte die Mutter an diesem Tag etwa erwogen zu bleiben, als sie spät kam, zu spät? Irgendetwas von solchen Stimmungen

muss es gewesen sein, was mich weinen ließ, jammern und fragen, wann wir zurückfahren nach Berlin. Dabei war es doch schön hier! Meine Mutter hatte ein schönes Zuhause.

Es stand noch ein zweites Haus auf dem Hof, auch das besaß einen Balkon.
Zwei Balkone standen sich also hinter dem Zaun gegenüber. Die Hausfrauen konnten dort an ihren Tischen sitzen und sich etwas zurufen, lachen, dabei nähen vielleicht oder sticken so wie meine Tante.
Auf der Terrasse gegenüber saß oft ein Junge, Jura hieß er, etwas älter als ich. Er trug eine Tjubetejka, grün und rot bestickt, so eine wollte ich auch. Ich nahm sie ihm weg, wir sprangen die Stufen hinauf und hinunter, wir rannten und lachten, wir spielten Versteck und liefen mit anderen Kindern ein paar Straßen weiter in einen Park, der Pionierpark hieß.
Dort standen Figuren aus Gips oder Stein, die ebenfalls Kinder darstellten, ebenso groß wie wir. Es waren Kinder mit Pioniertüchern, vollständig mit Silberbronze bemalt, auch die Gesichter. Das Erstarrte an diesen Figuren faszinierte uns alle. Von heute gesehen war es Pop-Art und hat auch schon damals durchaus ihre geheimnisvolle Wirkung getan, wenn sie da steif zurückblieben, im Gebüsch, und ebenso uns erwarteten am nächsten Tag, die kleinen, ernsten Pioniere.

Ein Museum gab's auch in der Stadt, darin lag die Nachbildung eines Goldklumpens, der hier einmal in der Gegend gefunden wurde, in einer Vitrine. Jedes Mal, wenn wir die Großmutter besuchten, gingen wir auch ins Museum und da lag dann der Goldklumpen.

Ich war es, die bei jedem Besuch nach dem Museum fragte, und meine Mutter kam jedes Mal mit und zeigte ihn mir auch zufrieden. Wahrscheinlich war sie damit aufgewachsen, mit diesem Goldklumpen in der Vitrine.
Der Goldklumpen. Da hatten sie ihn noch. Natürlich eine Attrappe, ein so großer Goldklumpen wie der dort in der Vitrine ist eine Attrappe, lässt aber trotzdem an das Märchen vom Hans im Glück denken, und daran, wie wahr es doch ist.
Man geht los im Leben mit einem Goldklumpen, wenn man Glück hat, dann geht man so los, aber irgendwann ist er eingetauscht, eingewechselt, das muss ja so sein, und darum war es eigentlich sehr klug von den Leuten in diesem Heimatmuseum, in dem ja vor allem Schulklassen herumgeführt wurden, dass sie den Goldklumpen, diese Attrappe, da liegen ließen die vielen Jahre, für alle, für jedes Kind.

Ach Kinderchen, alles muss eingewechselt werden im Leben, restlos alles, alles muss weggegeben werden, hergegeben, erst dann kann man gehen – sagte sie das zuletzt, meine Mama?
Ja, das sagte sie, aber vor allem sagte sie: Ich denke jetzt so oft an Zuhause. Immer wieder sagte sie es in ihren letzten Lebensjahren: Jetzt würde ich gerne nach Hause gehen, einfach nach Hause, zu Mama und Papa – und dann lächelte sie greisenhaft zur Entschuldigung dafür, dass sie nun doch gehen will, zurück auf diesen Hof und den schönen Balkon, ganz aus Holz.

Es stand auch eine Wassertonne dort auf dem Balkon, eine hohe Tonne aus Wellblech, ganz sauber war sie und hatte einen großen, runden, aus Blech geschnittenen Deckel.

Alle drei Tage kam der Wasserfahrer mit einer Zisterne auf einem Fuhrwerk und brachte Wasser vom Fluss. In Eimern wurde es dann aus seinem großen Behälter abgefüllt und bezahlt – eiskaltes, klares Wasser. Ich hob manchmal den Deckel und spiegelte mich in dem Wasser und meine Tante sagte dann, ich sollte das lassen, ein Haar könnte hineinfallen. Meine Mama schimpfte niemals mit mir.
Aber zuletzt wollte sie wohl auch wieder einmal darin ihr Spiegelbild sehen, wie es wackelte, glänzte, und den Wasserfahrer wollte sie hören, wie er rief, dass er da ist, wie er mit seiner Peitsche knallte, und die Pferde, die kleinen Pferdchen, das Scharren der Hufe vor dem hohen Zaun.
Wie war ich dorthin gekommen auf einmal?
Mit der Hand an der Klinke von einem Café in Kasan.
Mit einem Schwall dunkler Abendluft im Dezember und dem Trappeln der Stiefel auf Schnee und auf Eis.

*

So sind wir uns begegnet, meine Mama und ich. Jung und hoffnungsvoll und auf dem Weg nach Hause, so kam sie mir entgegen, die Zweifelnde, Misstrauische, die zuletzt nur noch schweigend mit mir am Tische saß. Denn unser Verhältnis war im Schweigen geendet, Verstummen.
Hier aber eben, da war doch was anderes gewesen in diesem Dunkel, dem warmen Getrappel, hier in Kasan, in der Kälte.
Noch drinnen im Café hielt es mich gefangen, beziehungsweise – hier war es auch, dieses Traumgefühl eines Zuhauseseins. Freude. Einfach so.
Denn auch diese Frauen hier drin an allen Tischen, die, rau-

chend und Tee trinkend oder Capucchino, sich so aufregend viel zu erzählen hatten, mit einem Blitzen in ihren Blicken, mit Auflachen: Ha! – Hahaha! –, waren jung. Jung und beweglich im Zigarettenrauch (gleich fiel mir ein, dass sie einmal geraucht hat, meine Mama, schon in Moskau hat sie geraucht), und ebenso lebhaft die Kellnerinnen, die geschickt sich zwischen den Tischen hindurchschlängelten, hochhaltend ihre Tabletts, wo Tassen, gestapelt, nicht wackeln sollten, Musik von der Bar und an allen Wänden Fotos der alten Kasaner Kneipen, aber auch Urkunden, fotokopiert, oder waren es Liebesbriefe – gerahmt?

Es hätte gepasst zu der Stimmung hier drin, zu diesem Gebrauch von Tee und von Zucker und Farben, Musik und der russischen Sprache ringsrum.

Ein junges Mädchen, das Tee trank sein Leben lang, süßen Tee, ein buntes, erotisches Mädchen, das war meine Mama auf Fotos aus ihrer Jugendzeit in der Sowjetunion, und die älteren Frauen hier drin waren immer noch so, aber auch selbstzufrieden und katzenhaft wohlig. Meine Mama war nicht so geworden.

Sie war das geblieben, was sie gewesen war, als sie nach Deutschland kam: ein Mädchen, kränkbar und scheu.

Wir hatten es alle immer gesehen, die ganze Familie, und sagten es ihr auch sogar, und sie hat es als Jugendlichkeit gedeutet: »Ich bin eben jung geblieben.«

Was es wirklich war, sah ich erst hier – sie hing in der Luft.

Ohne Freundin, mit der sie schnell noch in Eile eine letzte Zigarette rauchen und lachen konnte und der hastig noch

etwas ins Ohr flüstern, was nun wirklich niemand, und auch am Nachbartisch niemand hören sollte, und ohne ein Haus da draußen im Dunkel irgendwo, wo man sie schon erwartete, ohne die Schwester, die leibliche Schwester, die im Lampenschein noch ein Buch las und es jetzt aus der Hand legt – keine Lust gehabt, allein zu essen, ohne das Russisch, in dem hier alles ringsrum atmete und vibrierte, und ohne die Torten, die Konfitüren, den Tee.
Einzig den Mann hatte sie, ihren Mann, mit ihm war sie abgereist in ein fremdes Land, Trümmerland, Feindesland auch, im Sommer 1945, eine Siegerin eigentlich, aber auf tönernen Füßen, meine Mama, sie hing in der Luft!

An diesem Abend in Kasan erschien sie mir gar nicht mehr russisch, sie, die immer und überall in Deutschland als »die Russin« durchs Leben lief. Ja, nicht einmal mütterlich schien sie mir noch, sondern unsicher und allein. Völlig allein.
Was hätte sie dazu gesagt, wenn sie gewusst hätte, dass ich wegen einer Muttergottes nach Kasan gefahren bin und im Gottesdienst hier sogar Kreuze schlug?
Sie war als Atheistin gestorben, als eine kämpferische sogar, nichts konnte sie mehr belustigen als Vorstellungen von einem Jenseits, egal wie schön oder schrecklich.
– Oi, Irina, sagte sie dann, was du alles glaubst!
– Und was glaubst du, was dann kommt, nach dem Tod?
– Nichts. Da kommt nichts mehr. Gar nichts. Das glaube ich.

Sie bedauerte es, denn sie lebte gerne, und je älter sie war, umso lieber. Solange wir Kinder waren jedoch, hatte es anders ausgesehen, da klagte sie immerzu über Schlaflosigkeit und

die Kopfschmerzen, Herzschmerzen, Schwindelgefühle, wir waren alle besorgt um sie, erst mit der Zeit hat sich das gebessert, als Achtzigjährige schließlich sagte sie einmal genüsslich zu mir:
– Es ist schön zu leben. Einfach leben. In der Sonne sitzen. Etwas essen. So schön.
Also ging es ihr gut. Ich freute mich. Aber mehr noch war ich froh, dass ich solche Sätze schon fünfzig Jahre früher fast täglich gehört hatte, und das war mein Vater gewesen, der so sprach. Ihm genügte dafür ein Schwall Frühlingsluft, wenn wir aus dem Hause ins Offene traten, es genügten die Herbstblätter auf dem Trottoir, da konnte er's ausrufen: Junge, ist das Leben schön!

Aus ihrem Munde gesprochen, war's etwas zu spät für 'ne Tochter, ein bisschen zu spät, dachte ich und sagte es auch.
Ihre Antwort:
– Nun ja.
Nun ja. Das hörte sich manchmal so an, als ob sie etwas erzählen wollte, erklären vielleicht, die Herzschmerzen, Seufzer, die schlaflosen Nächte, aber das tat sie nie.
Sie hing immer noch in der Luft wahrscheinlich und musste Haltung bewahren.
Nur keine Schwäche zeigen, nicht vor den Kindern – geschweige denn öffentlich, Bücher schreibend vielleicht noch wie ich, ihre Tochter.
– Ich hasse es, sagte sie öfter dazu und schüttelte sich dabei.
– Du musst alles öffentlich machen!
Ihre Schwester dagegen, meine Tante, die noch lange in unserem Holzhaus gelebt hatte als eine Lehrerin, verehrte das

Schreiben. Als Russin benutzte sie dafür ein ganz besonderes Wort. »Dein Schaffen«, so nannte sie es.
– Bist du vorangekommen in deinem Schaffen?

War ich vorangekommen? Ich war nach Kasan gekommen. Beide Schwestern würden das billigen, da war ich mir sicher, aber wegen der Uni. Nur ihretwegen. Russlands berühmte Universität von Kasan.

Auch ich wollte noch einmal hingehen, gleich heute Abend, es gab da ein Weihnachtskonzert, und heute war der 24. Dezember, was hier allerdings nicht gefeiert wurde. Die russische Kirche hält sich seit Jahrhunderten nun schon an Cäsars römischen Kalender, und da fällt Christi Geburt auf den Tag, der für uns inzwischen als der 7. Januar gilt.
Am siebenten Januar erst würde christliches Weihnachten sein in Kasan, heute nicht. Immerhin gab es in der Universität abends ein Semesterabschiedskonzert mit Weihnachtsliedern, auf einem Plakat hatte ich es gelesen, ein guter Grund, noch mal reinzugehen in das alte Gebäude, vielleicht war es morgen schon abgeschlossen, über die Ferientage. Aber kaum hatte ich das Café verlassen, war es aus mit der Träumerei. Der Frost verschlug mir den Atem. Dunkelheit.
Fremde Stadt ringsherum.
Alles hat einen Sinn, hatte die Alte gesagt, aber was sollte das für Sinn haben, noch einmal in die Universität zu gehen?
Es war nun auch gut, ich wollte zurück ins Hotel.

An der Rezeption hatte man mir eine Taxinummer gegeben, aber das Geld auf meinem Handy reichte nicht mehr für einen Anruf und wie in Moskau waren die Taxen äußerlich nicht gekennzeichnet, man erkennt sie nicht, nie, auch eine Firma nennt nur die Nummer des polizeilichen Kennzeichens, dann muss man den Wagen suchen zwischen den anderen parkenden Autos am Straßenrand, manchmal steht er da schon eine ganze Weile, ein gewöhnlicher schwarzer Mercedes zum Beispiel, man muss ihn finden und glauben, dass das eine Taxe ist, aber verdammt noch mal, jetzt reichte es mir, diese Unbequemlichkeiten immerzu, es reichte mir wirklich, wo sollte ich nun eine Taxe herkriegen? Die Russen heben einfach den Arm und dann hält jemand an, also mach ich das auch, meine Güte, es ist Weihnachtsabend, ich will nicht erfrieren hier draußen, und tat es, hielt den Arm hoch am Rand einer riesigen Straße und ein Wagen hielt.
Ein Mann im Anorak saß darin.
– »Riviera«, das ist auf dem anderen Ufer, sagte er, da war ich lange nicht mehr, na okay.
– Zweihundert, reichen zweihundert?

Er nickte, ich stieg ein, wir fuhren, eine Minute vielleicht, dann steckten wir fest im unendlichen Stau vor einer der zwei großen Brücken Kasans, vor uns ein Lastwagen, neben uns auch, denen reichten wir grad bis zum Auspuff, der qualmte, zehn Minuten schon, zwanzig, die Motoren liefen trotzdem bei allen, man konnte Kopfschmerzen kriegen von dem Krach und Gestank.
– So ein Mist, sagte der Mann, hätt ich Sie bloß nicht eingeladen, hier komm ich vor einer Stunde nicht raus, und kurvte

und ruckelte, wollte die Spur wechseln, einmal und noch einmal, wo denn nun hin?
– Ist doch nicht unsre Richtung, sagte ich leise und lauter noch mal, er aber ruckte und ruckte das Auto weg aus dem Strom auf die andere Straße, die links abbog, nicht gradeaus.
– Da ist das Hotel aber nicht, sagte ich.
– Ich weiß, sagte er, das macht nichts.
Warum machte das nichts? Wir fuhren jetzt wieder, wohin denn, wohin in der Dunkelheit?
– Woher kommen Sie?, fragte er.
– Deutschland.
– Ist es gut dort?
– Ja, sehr gut.
Sehr gut, dachte ich nun auch, es ist wirklich sehr gut dort, wenn ich nur wieder hinkönnte, nach Hause, zum Hackeschen Markt, wohin fahren wir bloß?!
– Hier ist es auch gut, sagte mein Fahrer.
Er rauchte, das sah ich erst jetzt, er war gelb im Gesicht, er sah müde aus.
– Wenn Sie wollen, zeig ich Ihnen etwas.
– Ich will ins Hotel.
– In Ihr Hotel kommen Sie früh genug. Ich zeige Ihnen etwas, das gibt's auf der ganzen Welt nicht.
– Ich will nicht. Ich will ins Hotel.
– Ja, was denken Sie denn? Denken Sie, ich bin ein Mörder, ein Räuber, ein Schwein irgendwie? Na, ich weiß, was Sie denken, Sie denken, er ist ein Russe. Das reicht doch, nicht wahr?
Draußen sah ich Häuser vorbeiziehen, dann Wald. Wald mit Häusern, Stadtrand also. Wir fuhren eindeutig raus aus der Stadt.

– Ich wollte einen Bogen fahren, aber da war's auch verstopft. Im Stau vor der Brücke stehen wir um diese Zeit eine Stunde, vielleicht sogar zwei. Lassen Sie mal, ich zeig Ihnen was. Woher können Sie so gut Russisch?
– Meine Mutter war Russin. Mein Vater Deutscher.
– Und sie lebten in Deutschland? Ihre Mutter auch?
– Seit 1945, ja.
– Seit dem Kriegsende also. Das war schwer für die Mama, was?

Er sagte »Mama«, als ob es seine gewesen wäre, im Russischen geht das, es ist nicht lächerlich, ganz im Gegenteil. Überhaupt sah er eigentlich aus wie ein Mann aus einem sowjetischen Film, einem Film von der optimistischen Sorte. Von solchen Filmen hatte ich Hunderte gesehen in meinem Leben, wahrscheinlich Hunderte, als Kind schon, diese positiven Helden, jedes Mal kam da einer vor, mal als Ingenieur, mit Falten auf der Stirn, wie mein Fahrer sie hatte, und dann war eine Havarie im Betrieb zu überwinden oder es gab ein Problem in der Partisanengruppe, oder er war ein Lehrer, nein, Lehrer gab es in den sowjetischen Filmen nie, das waren alles Frauen, meine Mutter und meine Tante, das waren die Lehrerinnen, diese da, das waren die Retter in der Not, die Helden, die Ärmelhochkrempler und Mutmacher, die dann auf einmal ganz unsicher werden vor einer schönen Frau, ja – eigentlich sah er genauso aus, nur waren die in den Filmen damals nicht so abgearbeitet wie der Mann hier am Steuer.
– Diese verdammten Autos, sagte ich.
– Was reden Sie?!
Alles gebe ich her, aber nicht mein Auto!

Das Auto ist Freiheit. Letzten Sommer sind wir mit der ganzen Familie zum ersten Mal nach Bulgarien gefahren mit dem Auto! Schön war das.

Jetzt fuhr er langsamer und an den Straßenrand ran, dann im Schritt vorwärts. Ich sollte einen Blick werfen nach rechts. Da stand eine Kirche im Mondenschein. Und?
– Kirche aller Religionen, sagte er.
Nie gehört?
Sehen Sie auf die Türme! Sehen Sie da oben, ein Kreuz, ein Halbmond, ein Davidstern, und sogar das buddhistische Zeichen, dieser Krakel da, können Sie's erkennen?

Es war ein ziemlich großer Bau, spitze Türme, kleine Kuppeln. Bei Tageslicht und mit Bekannten hätte ich gestaunt, jetzt aber nicht.
– Bauen kann man alles. Fahren wir nun ins Hotel?
– Ich dachte, Sie freun sich. Die Touristen wolln alle hierher.
Nein, ich wollte ins Hotel »Riviera«, verflucht noch mal, er wendete, da sah ich unter der rechten Seite der Straße etwas endlos Weißes und Glattes bis zum Horizont. Ein breitgezogener Lichtschein lag drauf.
– Was ist das?
– Die Wolga.

Da war sie. Diese Kirche für alle Religionen war direkt an das Ufer der Wolga gebaut, nur diese schmale Straße lag dazwischen, der Blick aber war frei, an dieser Stelle war er frei und der Fluss endlos breit, man konnte das andere Ufer nicht sehen.

Auch jetzt stieg ich nicht aus. Ich starrte nur drauf mit offenem Mund, eine Minute etwa blieb er stehn mit dem Wagen, fragte dann:
– Genug?, und gab Gas, bevor ich antworten konnte.

*

Die Rückfahrt zur Innenstadt war dann kurz, es war wirklich nicht weit gewesen, endlich auf der Brücke, erfuhr ich noch, dass Kasan drei Brücken bauen würde bis 2013, da wäre Universiade in der Stadt, also die Olympiade der Universitäten, und danach würde es nie mehr Stau geben vor den Brücken, der Platz vor dem Hotel »Riviera« war so dick vereist, dass ich schon beim Aussteigen beinahe gestürzt wäre, ich dankte, zahlte, verabschiedete mich und ging.
Und alles, was in Romanen so geschieht, ein Drink in der Lobby, ein Tanz an der Bar, unterblieb, ich lud ihn nicht ein, ich fragte nicht nach Namen oder Adresse, ich ging, und er auch. Er fuhr ab. Genug für heute. Genug.
Und: Gerettet! Ich kam mir gerettet vor, trotzdem war der erste Gedanke am nächsten Morgen: Bleiben.

Keine Eile mehr, keine Taxirufe, keine Aussichtspunkte mit Blicken von hier und von dort, nix dergleichen, nur da sein, nur hier sein und eigentlich: Bleiben.
Wenn ich doch bleiben könnte.

Natürlich, das machte das schöne Hotel, die Bequemlichkeiten, die Wand aus Glas.
Bei zwanzig Grad minus da draußen ganz nackt hier am Fens-

ter über dem Panorama dort unten zu schweben, den verschneiten Flächen, den Kränen, den Autogirlanden bei Tag und bei Nacht – ja, Luxus, es ist nur der Luxus, so erklärte ich mir dieses neue Gefühl, aber als ich das Fernsehen einschaltete, da war es doch einfach das Glück, die Sprache zu hören, das Russische war es.
Eine Wohnung in Russland. Heute hatte ich hier eine Wohnung in Russland.
In Kasan eine Wohnung sogar.
Wie die Alte, die wegen des Enkels gekommen war, wie die Frau, die dem Sohn eine Wohnung suchte.

Auf meinem Tisch unter dem Fernsehapparat standen an die Wand gelehnt alle die Ikonen, die ich inzwischen gekauft hatte, einige davon waren gerahmt und verglast, andere einfache Pappen, goldbedruckt, silberbedruckt. So nebeneinander wirkten sie stärker als eine allein, wirkten festlicher, aufrechter, reicher. Mit jedem Tag waren es mehr geworden, und mein Zimmer dadurch ein besonderer Raum.
Schon mal deswegen saß ich gerne auf meinem Bett und betrachtete sie, so alle zusammen. Diese Schönheit. Und jedes Mal eine Mutter mit Kind, zärtlich und goldumkränzt. Kitsch. Das würde meine Tochter sagen, dachte ich, und das sagte sie später auch. Ich in ihrem Alter hätte es ebenso gesagt. Jetzt nicht mehr. Jetzt lag ich auf meinen Daunenbetten und freute mich. Bald würde ich sie verschenken, diese ganze Wand voller zärtlicher Gesten wäre dann unwiederbringlich verteilt, und alle dort, wo ich hinfuhr, Berlin, würden ebenfalls Kitsch dazu sagen, Kitsch.
Na, alle vielleicht auch nicht.

Vor der Fensterscheibe fiel etwas Dunkles herunter auf einmal, Schnee. Es schneite schon wieder, die Flocken da draußen ergänzten die vielen Ikonen perfekt, schöner konnte es gar nicht mehr sein: Weiß zu Gold, Bewegung zu stehendem Glanz, nur Kerzen fehlten noch, warmes Licht zu diesem grauen Tageslicht jetzt, diesem matten, gedämpften Licht meines letzten Tags in Kasan.

War es der siebente Tag, den ich hier war? Weihnachten war's jedenfalls. Meine Familie war verärgert deswegen. Niemand rief an. Dass ich tatsächlich Weihnachten wegfahren würde, hatte im Ernst keiner glauben können, dabei ging es in unserer Familie nicht um die Religion, es ging um das Treffen, Zusammensein, wieso musste es ausgerechnet nun Weihnachten sein, diese Reise, warum?

Darum. Ich wusste es selber nicht, aber ich war gefahren. Es ging ja um diese Madonna.

Genau am Tag der Geburt ihres Kindes wollte ich hier sein, aber der war verschoben, schon lange verschoben, oder auch nicht, unser eigner Kalender war anders geworden seit vierhundert Jahren, und ich selbst war die Mutter, eine reisende Mutter, eine verschobene, die Unruhe in Person, das war ja der Vorwurf schon lange, aber das war nicht richtig. Ich war zu meiner Mutter gefahren, so sah es aus.

Es war ja ganz klar! Bleiben. Ich wollte jetzt bleiben. An diesem Tag im Hotel »Riviera« konnte ich das erkennen. Es war ganz einfach: Man geht nicht. Man geht nicht weg von der Mutter. Aber natürlich geht man, man geht, alle gehen, sie gehn in die Welt und sie lernen dabei, doch es hat einen Preis: Man hängt in der Luft.

Vorsichtig, leise, dankbar für jede Freundlichkeit fängt man bei null an und wieder und wieder. Und man kehrt nie mehr zurück.
Da war ich jetzt aber. Zurück an dem Punkt, diesem Punkte, von dem aus sie wegging, gegangen war. Russland.

Es war im Kriegsjahr 1942, als mein Vater ein Telegramm schickte, dass meine Mutter zu ihm kommen durfte, irgendwohin an die Wolga, da wurde sie von ihrer Mutter und ihrer Schwester zum Bahnhof gebracht, zu den überfüllten Zügen, die alle nach Westen fuhren, nach Westen, zur Front.
Sie hatte einen kleinen Koffer mitgenommen und eine Wolldecke. Diese Decke hatte mein Großvater ihr von einer Dienstreise an die mandschurische Grenze mitgebracht.
Er war ja Finanzbeamter gewesen, der aus der Finanzdirektion der Bahn manchmal auf Dienstreise fuhr und jedes Mal etwas mitbrachte, einmal eben jeder Tochter eine chinesische Wolldecke, und nun nahm sie die ihre mit sich für immer, fürs ganze Leben, mitten im Krieg.
So stand sie am Bahnhof, dort in Sibirien, bei dem ersten Bruch. Abbruch. Ende.
Aber woher denn – ein Anfang!
Und doch war's ein Ende, und immer so weiter, die Umzüge, und als es dann doch so aussah, nach Bleiben, für immer Bleiben, da packte ich meine Koffer und ging.
Ja natürlich, man geht. Man setzt die Brüche entschlossen fort, mannhaft sozusagen, ja, mannhaft war das richtige Wort. Mannhaft zu gehen kann niemals verkehrt sein, aber hier plötzlich, in meiner Kasaner Wohnung für einen Tag, da schien mir das falsch.

Die Mutter, den Vater, Geschwister verlassen, zum Lernen, zum Reisen, zum Arbeiten, gut, aber fürs ganze Leben, das kurze Leben? Es muss eine Rückkehr geben.
Gab aber keine, das war nicht vorgesehen, zurück zu den Eltern, das hieß ja gescheitert, im Leben gescheitert, nichts auf die Beine gestellt, keinen Mann gefunden, nicht mal zur eigenen Wohnung fähig und was wir da noch alles damals gesagt hätten. Nein. Man geht.
Ein Bruch muss sein, ein Knacken und Reißen, und wie man dann dastand, allein oder auch zu zweit, hat niemand gewusst, und das war auch gut so, sonst wäre tatsächlich der Satz mal gefallen: Komm doch zurück.
Aber das ging nicht, das war doch ein geradezu körperliches Gefühl: niemals zurück!
Jeder Anfang ist schwer. Du schaffst das, das schaffst du – na siehst du, schon wieder ein paar neue Freunde und neue Wohnungen auch, und immer so weiter.
Ein endloser Zug von Reisenden sind wir gewesen, dachte ich dort in Kasan. Und es kam mir auch vor, als ob wir niemals zufrieden gewesen sind. Wie gehetzt kam es mir vor, unser Leben, in immer dieselbe Richtung gehetzt: weiter, weiter, weiter! Die Koffer, die Taschen, die Umzugskartons, ein kreisender Ring von Meteoriten. Fand man irgendwo einen nicht ausgepackten Karton aus früheren Zeiten, war das merkwürdig. Unangenehm.
Energieverschwendung. Eine riesige Energieverschwendung, Menschenenergie wurde hier verschwendet, reichlich und reichlich, es war wohl genug davon da.

Unsre eigene Lebenskraft also, in jede Ritze geschmiert, und wofür? Für den Anfang, das Neue, das gar niemand kennt? Dafür?

Die Grenze in Deutschland, die Zonengrenze, die Deutschland teilte, die war uns das einzige Hindernis damals. Auch dafür hassten wir sie. Für das tödliche HALT!, das sie uns bedeutet hat. Dem einfachen Bürger ein tödliches HALT.

Dagegen setzten wir: »Was ich nicht verlassen kann, das kann ich auch nicht lieben!«

Ja, das war unser Spruch damals, ist er gewesen.

Und auch diesen Spruch verstand ich nicht mehr, dort oben am Fenster im grauen Kasan.

Vielleicht hatte ich auch zu lange in der Universität mich herumgetrieben, zu oft dieses Wispern gehört in den Fluren: »Nach Hause«, »Nach Hause!«, »Ich fahre nach Hause!«

Oder ein Augenblick seelischer Schwäche, logisch – der Abend gestern, die Angst in der Taxe, der dunkle Wald dort am Straßenrand.

Es war doch immer um ein eigenes Leben gegangen. Ein freies und selbstbestimmtes. Oder verstand ich das auch nicht mehr? Doch.

Ein eigenes Leben. Was sonst? Ein eigenes Haus, ein eigener Herd, eine eigene Waschmaschine. Das eigene Leben als eigene Waschmaschine, ach, es ging nicht, es war nichts mehr los mit mir, hier in Kasan, ich konnte nicht denken, ich hatte vergessen, wie das geht, in dieser Wohnung für einen Tag, vor den vielen Ikonen, vergessen. Das kann doch mal sein!

So stand ich am Fenster, ganz nackt in dem warmen Zimmer und sah auf das Panorama dort draußen im Frost, dieses ins Weiße gezeichnete Bild, die freie, verschneite und riesige Fläche, und je länger ich das betrachtete, umso mehr bedauerte ich mich und uns alle, und dieses süße Gefühl hätte ich beinahe für Melancholie gehalten, aber das war es nicht, es war Neid.
Ich beneidete ja die Russen!
Dieses große Land besitzen sie, diese Sprache, die Baustelle unten im Schnee, das Eis auf der Wolga, und von mir aus die Brücken, die völlig von Autos verstopften, und die Stockungen hier im Straßenverkehr, und die Langsamkeit der Verkäuferinnen und die Fische, die sie zu verkaufen haben, und die Süßigkeiten und Kalbsgelees, und alles, und alles, und alles – sie haben alles! Die Frauen da unten in ihren Pelzmützen und dicken Stiefeln, die Kinder, die Männer in Anoraks, dick oder dünn, ich beneidete sie, die Gangster sogar, die Verbrecher, die Bürokraten, ganz egal, alle beneidete ich, alle, sie waren die Russen.
Sie sagten »wir« zu sich selber. Wie oft hatte ich es gehört. Sie sagten es einfach: Das sind wir.
So sind wir. Es ist unser Land.
Sie sagten es, weil sie es fühlten. Noch fühlten sie es. Noch waren sie hier. Weil sie noch hier waren, beneidete ich sie, weil sie noch nicht gegangen waren.

An diesem Tag bestellte ich eine Taxe und ließ mich noch einmal in das Kloster der Muttergottes von Kasan fahren. Das schmiedeeiserne Tor stand offen, aber die Tür zum Treppenhaus war verschlossen. Als eine Frau mit Kopftuch über den Hof ging, bat ich sie, mich hineinzulassen, ich sei von weit her gekommen und müsste gleich abfliegen.

– Sie haben sie doch schon gesehen, murrte sie, schloss aber auf, stieg die breite Holztreppe neben mir hoch und öffnete die Tür.
– Da!
Und wie sie so nachgebend, aber doch vorwurfsvoll an der Tür stehen blieb, fiel mir ein, wie oft ich meiner Mutter Vorwürfe gemacht hatte, immer wieder – du kannst nicht, du hast nicht, verstehst nicht, du solltest und müsstest, und die Kasanerin auf dem Bild sah mich an wie zuvor, wie beim ersten Mal.
– Da bist du ja.

*

Am nächsten Morgen sah ich beim Aufwachen Hochhäuser dicht vor dem Fenster stehen.
Spontane Freude – Moskwa!
Von hier war ich eilig abgereist, im Mai, warum eigentlich? Auch fiel mir ein Kinderreim ein, auf Russisch natürlich, und dass es doch hier gewesen sein musste, in Moskau, dass meine Mutter mir solche Reime vorgelesen hatte, die Kinderreime von Majakowski, wo jeder Vers endete in dem Ruf: »…Ja, das ist gut! – Ja, das ist schön!«
Und war ich nicht hochzufrieden gewesen als Baby darüber, dass alles auf Erden so gut ist, so schön? Als Kind auf der Durchreise später in Moskau war ich nachts zum Fenster gegangen, um den roten Stern am Himmel zu sehen, was ja wirklich ein kindliches Vergnügen ist, so ein Stern, so ein roter, die Farbe schon mal.
Ein Gespräch mit meiner Mutter später war auch an diesem Punkte gelandet. Sie war schon weit über achtzig gewesen, wir

hatten uns Lieder aus ihrer Jugendzeit angehört, und es stellte sich heraus, dass alle diese Lieder von dem tapferen Kapitän, dem lustigen Wasserträger und den kühnen Forschern aus Musikfilmen stammten, und fast immer waren es Kinderfilme gewesen.

– Also habt ihr Kinderlieder gesungen?, hatte ich sie gefragt, und sie musste lachen.

– Vielleicht, hatte sie gesagt.

Vielleicht. Die Sowjetunion eine Kinderveranstaltung?

Aus Kasan kommend an diesem Morgen, wusste ich jedenfalls wieder, wie es sich angefühlt hatte, damals ein Kind in Moskau zu sein.

Ein wonnigliches Gefühl war es gewesen, ein Gefühl, wie in einer Burg zu liegen, einer Burg, die jeden beschützen wird, den sie beherbergt, die auch mich beschützen wird, mich auch.

Ja, wohlig und angenehm war's mir diesmal in Moskau beim Aufwachen, denn ich erwachte bei Freunden und hatte Zeit.

Wir alle hatten Zeit. Russland war wieder mal lahmgelegt für zwei Wochen, die Behörden geschlossen, die Betriebe in die Ferien geschickt, sogar die Presse erschien unregelmäßig:

– Das sind die Ferien zwischen den Jahren!

Boshaft hatte es mir eine Zeitungsverkäuferin aus einem Kioskfenster herausgerufen, und:

– Unsre Obrigkeit will in die Schweiz fahren, zum Skifahren nach Sils-Maria!

Eine Berliner Freundin hatte mich in diese Wohnung eingeladen, sie war hier zu Besuch bei ihren Moskauer Freunden, und ich sollte die kennenlernen.

Da lag ich nun, hinter einer Glastür in einem Wohnzimmer auf einem Sofa und hörte die Küchengeräusche, das Klappern der Tassen und Teller. Natürlich – sie saßen schon alle um ihren Küchentisch rum in der winzigen Küche, als ich kam als die Letzte, und lachten.

– Ausgeschlafen, Irina, in Moskau?

Die winzige Dame im hellen Pullover war Ines, meine Berliner Bekannte. Die anderen beiden Swetlana und Mischa, die Freunde von Ines – Naturwissenschaftler, Dozenten an Hochschulen, gebildete Leute und neugierig auch, zwei ältere Leute wie wir.

Der Tisch war reichlich gedeckt und doch stand Swetlana immerzu wieder auf, um noch eine Schüssel zu holen, ein Töpfchen, sprach von dort aus weiter, über diese Winterferien zum Beispiel, die hier niemand wollte.

Für den Garten im Frost taugten sie nicht, für wen also dann? Tatsächlich nur für die Oberklasse, damit die verreisen können. Entscheidungen würden in Russland nun mal von oben nach unten getroffen, nicht umgekehrt, da hätten die einfachen Leute gar keinen Einfluss.

Ein schöneres Thema war die Freundschaft der drei. Woher sie sich kannten. Sie kannten sich aus einer Gemeinschaftswohnung in Sibirien. Seit sie laufen konnten als Kinder, da kannten die beiden Frauen sich schon und ihre Mütter auch.

Denn im Jahr 1941, als die ganze Bevölkerung Moskaus in aller Eile nach Sibirien evakuiert worden war, weit weg von dem Angriff der Deutschen, waren die beiden Mütter in einer der vielen total überfüllten Gemeinschaftswohnungen gelandet und hatten sich angefreundet damals und seitdem bei Hunger und

Frost immer zusammengehalten. Eine Freundschaft fürs ganze Leben war daraus geworden, und sogar die Töchter von Ines und von Swetlana waren schon wieder miteinander befreundet. Sie schrieben sich und besuchten sich auch.
Und kein Hass war entstanden, damals im Krieg gegen die deutsche Frau dort mit ihrem Kind, wo andere starben vor Hunger und die Männer der evakuierten Frauen an der Front fielen?
– Nein.
Wir waren die deutschen Antifaschisten.
Mit seltsam bedeutsamer Stimme sprach Ines diesen Satz jedes Mal aus, in Berlin schon, und diesmal wieder, wie einen Begriff, ein Plakat.

Ja, auch Ines war ein Kind der Sowjetunion. Wie wachte sie auf, in Moskau?
Zornig.
– Haben Sie es gehört?, fragte Swetlana, als Ines für ein paar Minuten die Küche verlassen hatte, Sie hat doch einen Brief ihrer Mutter gefunden in dem Archiv!
Die Arme! Ganz kaputt ist sie davon!

Ines war diesmal nach Moskau gekommen, um in Archiven nach Spuren des Vaters zu suchen. Er war als Kommunist emigriert in die Sowjetunion und dann dort verschwunden für immer.
Aber auch Swetlana sah müde aus, Mischa genauso. Wahrscheinlich hatten sie kaum geschlafen. Ihr Sohn war vorgestern im Hauseingang überfallen worden, das hatte mir Ines schon abends bei meiner Ankunft erzählt. Die Eltern hatten ihn zur

Miliz begleitet, aber die hatte sich geweigert, eine Anzeige überhaupt anzunehmen.
Begründung: Die finden wir sowieso nicht.
Ich fragte danach, und gleich rief Mischa laut:
– Wo gab es das jemals in der Sowjetunion, hier, in unserem Viertel? Bis in die Nacht konnten wir rausgehen damals, bis in die Nacht! Und jetzt?!
Seine Frau stand vom Tisch auf und begann ärgerlich mit Töpfen und Tellern herumzuhantieren.
– Gleich fängt er wieder an, ich kann's nicht mehr hören, na was denn, was war denn besser, verdammt noch mal?
– Alles.
– Ach, Unsinn.

Bisher hatten wir alle Russisch gesprochen, aber nun sagte Ines leise auf Deutsch:
– So geht das von morgens bis abends. Seit zwanzig Jahren zanken sie sich darüber, immer dasselbe, die Sowjetunion.
Als ob er es verstanden hätte, sagte Mischa laut:
– Was ist denn schlecht am Sozialismus? Alle waren wir gleich. Alle hatten wir Ordnung.
– Welche Ordnung?, rief Swetlana am Herd.

Ines holte den Brief. Es war eine Bitte der Mutter um Nachricht darüber, wo denn ihr Mann sei. Der Brief war mit der Hand geschrieben, eine schräg nach rechts geneigte Schrift, etwas schief die Zeilen, ich las, dann nahm Ines mir das Blatt aus der Hand, las selber, zum wievielten Male, putzte sich dauernd die Nase dabei.
– Da war er schon tot. Die Schweine.

Ja, Ines quälte sich, es war ihr anzusehen, und was sie gar nicht verwinden konnte, war der bittende Ton, in dem ihre Mutter geschrieben hatte.
– So lieb, wiederholte sie immer wieder, so lieb!

Swetlana nahm Ines das Blatt aus der Hand und bemerkte, dass doch auch dieser Brief dort in der Gemeinschaftswohnung geschrieben sein musste, als es immer hieß, alle Väter wären an der Front.
Und es sei doch auch mutig gewesen zu schreiben, aber sie müsste nun leiden deswegen, die arme Ines.
– Ich werde das schon herausfinden, sagte die böse.
– Was, wann, wo, welches Lager, alles!

– Wenn Sie wüssten, sagte Swetlana zu mir, wenn Sie wüssten, wie wir hier in den vergangenen Jahren alles anzweifeln, alles umwenden, jede Familiengeschichte, und was für Fragen sich auftun, es sind regelrecht Löcher in allen Biografien!
– In allen nun auch wieder nicht, sagte Mischa.
Und ob das etwa gut sei, dass seine Studenten dafür Geld bekämen, dass sie die neue Staatspartei wählen?
– Besser, als erschlagen zu werden auf jeden Fall, sagte seine Frau, aber da gerade der Sohn beinahe erschlagen worden war, klang das nicht überzeugend.

Alle zusammen gingen wir dann spazieren in dem herrlichen Park, der hier vor den Häusern sich ausdehnte. Es war der Park Sokolniki, ein Park, der in der Sowjetunion berühmt gewesen war als ein Vergnügungspark für Kinder.
Jetzt las ich auf einer Tafel, es sei früher einmal der große Mos-

kauer Park für die Falkenjagd der Bojaren gewesen. *Sokol* heißt Falke.

Einem Wald ähnlich war dieser Park, die Wege endlos und nur unterbrochen von Eisbahnen, die sich ebenso weitläufig hinzogen. Wir liefen lange, ohne jemandem zu begegnen, nur Schlittschuhläufer schmetterten an uns vorbei in gleißender Sonne. Wie kalt mochte es sein, zwanzig Grad unter null, fünfundzwanzig? So kalt jedenfalls, dass es besser war, den Mund zu halten, und so liefen wir weit in Gedanken, kehrten um und standen schließlich vor einer Bühne.

Die Eisbahn machte hier einen Bogen, elegant wendeten die aus dem Park herausschießenden Läufer, verschwanden wieder, während oben auf der Bühne zwei Tänzerinnen in weißen Glitzerkostümen mit einer Gruppe von Kindern einen Neujahrstanz einübten. Sie sangen auch noch dabei, diese Tänzerinnen im Sonnenschein, jede hielt ein Mikrofon in der Hand, die in einem dicken Handschuh steckte, und fröhlich hopsten die Kleinen dazu im Takt der lustigen Lieder.

Da war sie wieder – die tägliche große Kinderbelustigung, wie sie im Park Sokolniki seit Jahrzehnten geübt und erwartet wurde, an einem Wintertag in der Sowjetunion, die ernsthaft vielleicht eine Kinderveranstaltung nur gewesen war.

Zurück in der Wohnung, stand Suppe schon vorbereitet für uns auf dem Herd, und gleich saßen wir wieder um den winzigen Küchentisch herum bei Hühnerbouillon und Piroggen. Zum Ärger Swetlanas hatte eine Nachbarin gerade die Zeitung *Sawtra* abgegeben, damit Mischa sie lesen kann.

– Da sehen Sie, sagte sie scharf. Bei uns hassen sie immer noch die Reichen. Es soll keine Reichen geben. Dabei wär's

doch viel besser, es würde keine Armen mehr geben, nicht wahr?
– Als ob ich das lese, sagte Mischa und strich seiner Frau so sanft über den Kopf, dass ich staunte.
Es gibt sie noch – zärtliche Ehepaare!
Sie wollen dasselbe, dachte ich, sie wollen dasselbe, von außen gesehen war es ganz klar, nur eben – sie waren Kinder der Perestroika, auf ihren Schultern war sie gelungen, oder auch nicht.

Auf jeden Fall hatte ich hier Menschen gefunden, die mir den entscheidenden Machtkampf zwischen dem Präsidenten Jelzin und dem russischen Parlament im Jahr 1993 erklären würden, so dachte ich. In diesem Ringen hatte der Präsident das Parlament schließlich zusammenschießen lassen, warum?
Swetlana verstand nicht. Was meinte ich?
– Hundertachtzig Tote. Und unendlich viele Verletzte, Verhaftete, hier in der Stadt.
Sie sah erstaunt aus, direkt überrumpelt.
– Wir standen für Jelzin. Aber ich weiß nicht … – und schließlich streng:
– Wir wollten nicht mehr so leben wie früher.
Das verstand ich. Aber warum dann heute die Klagen über die großen Rechte des Präsidenten und dass von unten hier nichts zu machen wäre, und kein wirkliches Parlament, wenn das erste frei gewählte Parlament Russlands zusammengeschossen wurde, als es seine Vollmachten wahrnahm?
– Welche?
– Ja eben das Parlament zu sein, dem der Präsident untergeordnet ist, nach der Verfassung. Es wollte auch dessen liberale Reformen stoppen.

Swetlana schien nichts zu wissen von dem, was ich hier erzählte und wiederholte:
– Wir sind für Jelzin auf die Straße gegangen, ich auch. Andere waren dagegen, viele. Es hat Kämpfe gegeben, am Fernsehturm war es.
– Und dann?

Was dann kam, weiß jeder, der Absturz der Wirtschaft, des Staatswesens auch, Inflation und Verelendung, Oligarchie. Entsprechend winkte Swetlana nur ab. Aber über sich selber schüttelte sie weiter den Kopf, beunruhigt wie bei einem Gedächtnisverlust.
Ein halbes Jahr später wird sie mir nach Berlin einen ganzen Packen Papier mitbringen, Berichte, Artikel, aber reden werden wir nicht mehr darüber.
Da war wohl wieder mal keine Zeit.

Wie damals. Denn da war schon beinahe die Stunde heran, dass ich mein Zimmer beziehen musste, meine Wohnung in Moskau für diese Tage. Mischa holte das Auto, schon fuhren wir. Und wieder die langen und breiten Straßen, die niedrigen alten Neubaugebiete, schlecht nummeriert, und als wir endlich den Eingang gefunden hatten, stand in Wolltücher eingewickelt eine Frau meines Alters davor und hatte gewartet. Schon lange.
Mischa schleppte noch meine Taschen in den Fahrstuhl, Ines winkte mit ihrem Handy, alles klar und bis bald und ahoi!

*

So kam ich. Schöne Wohnung. Die Küche neu renoviert, auch der Flur renoviert, und ein riesiges Zimmer für mich. An die Balkontür gestapelt waren Säcke und Flaschen zu erkennen, von einem Tuch abgedeckt.

– Hier heize ich eigentlich nicht, sagte die Frau. – Das sind Marmeladen und Sauerkraut, Obst aus dem Garten, es macht nichts, nicht wahr?

Warum sollte ich mich daran stören? Ich kannte das Problem mit den warmen Wohnungen und dem Obst aus dem Garten, so antwortete ich, und erleichtert verließ sie das Zimmer, froh, dass ich so schnell gekommen war, denn gleich müsste sie zur Arbeit gehn, käm in der Frühe erst wieder, würde uns jetzt aber noch schnell einen Begrüßungstee kochen.

Es hing ein Fernseher über dem Küchentisch, und als ich die Küche betrat, saß meine Wirtin bereits am Tisch und starrte zum Bildschirm hoch.

Beschwörend und herrisch sprach da ein bärtiger Mann, und jedes Mal, wenn er einen Satz beendet hatte, nickte meine Wirtin.

Leise, wie um ihn nicht zu unterbrechen, flüsterte sie:

– Hören Sie, hören Sie zu!

Berühmt sei der Mann, und es lägen noch andere Aufnahmen mit seinen Ansprachen dort oben im Schrank, ich könnte sie alle herausnehmen und anschauen, wenn ich nachher alleine wäre.

Derweil blickte der Bärtige streng auf uns herunter und sprach davon, dass alles, was wir tun, auf uns zurückfallen wird, jede Handlung, alles sei selbstverursacht, alles Leid der Welt, und nun käme die Zeit der Buße! Gott wolle es so!

Meine neue Wirtin bekreuzigte sich, stellte nun aber den Ton ab, denn einiges gab es noch zu erklären, bevor sie gehen musste. Die Schlüssel. Ein ganzes Bund war es diesmal, für die äußere und die innere Wohnungstür, beide hatten mehrere Schlösser. Das Bad. Den Kühlschrank. Der war voller Sahne, Käse, Wurst und Piroggen. Gefüllte Eierkuchen sogar.

– Essen Sie!

Dann sah sie sich noch einmal konzentriert um, wickelte sich wieder in das Wolltuch, zog einen gut gepolsterten Nylonmantel darüber, Pelzmütze auf und ging.

Ich hörte, wie sie die Tür abschloss von außen, dreimal, viermal, dann den Fahrstuhl, dann nichts mehr. Stille.

Das war meine Ankunft bei Tamara.

Wer war sie? Eine schweigsame Frau. Das auf alle Fälle. Eine Arbeiterin. Eine Witwe. Eine Mutter.

Die Arbeiterin war entlassen worden, die Witwe bewohnte alleine die schöne Wohnung, in der ihr Mann noch ein neues Fenster eingesetzt hatte in der Küche, dann war er gestorben. Woran?

Die schweigsame Frau blieb stumm. Er ist gestorben. Genügte das nicht?

Die Mutter hatte einen einzigen Sohn geboren, und der war mit Frau und Kind in den Westen gezogen. Als Mutter wartete Tamara jeden Abend auf einen Anruf der Kinder. Der kam auch. Abends hörte ich aus dem Flur ihre Fragen, immer dieselben, und russisches Kindergeplapper. Was für Tamara spät war, die Abendzeit, die Zeit, da sie losgehen musste, war für das unsichtbare Kind weit im Westen noch früh, und Tamara erklärte mir mehrmals, wie praktisch das wäre und wie bequem, denn gleich nach so einem Gespräch zog sie den Mantel an, Pelzmütze auch, und verließ die Wohnung. Am anderen Ende der Stadt verdiente sie sich ihr Geld als Nachtwächterin, fuhr also täglich an einen Stadtrand, wo Garagen standen mit Autos drin, und die bewachte sie dann. Und darum war sie auch keine Arbeiterin, aber das erfuhr ich erst am nächsten Morgen, als ich mir gerade Kaffee kochte und sie unerwartet die Tür aufschloss. Da setzte sie sich zu mir an den Tisch, seufzte auf und wollte sich erst einmal wärmen.

– Kalt draußen?

– Fast dreißig Grad.

Und alles sei gutgegangen, die Nacht. Sie waren zu zweit gewesen. Denn die andere käme manchmal auch nicht, einfach so!

Dann säße sie ganz allein in der Baracke, Tamara, und ohne Hund, und zweimal der Rundgang dann in der Finsternis.

– Huu!

Kaum sah sie, dass ich erschrak, war sie schon wieder gleichmütig.

– So ist es nun mal.

– Gab's keine andere Arbeit hier in der Nähe?

– Arbeit?, rief sie verärgert aus, was für eine Arbeit soll das denn sein? Was stelle ich denn her? Nichts! Wir sitzen und warten, dass die Zeit vergeht, noch eine andere und ich, wir zwei Frauen!

Und schon verschwand sie im Bad und später in ihrem Zimmer.

Anderntags zeigte sie mir vom Küchenfenster aus ihren Betrieb, also den Betrieb, in dem sie Arbeit gehabt hatte, etwas, was sie Arbeit nennen würde! Facharbeit!

Sie musste beim Blick aus dem Küchenfenster nur den Arm heben, und da sah ich ihn schon – gleich vorne rechts diesen Würfel aus Backstein, ziemlich neu und mit hohen Fenstern –, ja, das war ihr Betrieb mal gewesen.
Dort drüben hatte sie einmal gearbeitet als Laborantin.
Tamara hatte gelächelt, als sie in die Richtung zeigte. Wegen der Kollegen, erklärte sie mir, weil es lustig gewesen war bei der Arbeit.
– Wir haben so viel gelacht.
Hingehen wollte sie nicht und mir das Haus aus der Nähe mal zeigen.
– Wozu? Es steht leer.
– Ganz leer?
– Es werden Möbel darin verkauft, sagte sie streng.
Manchmal auch Mäntel und Kleider.
Und schon war sie wieder in ihrem Zimmer.
Immer nur stoßweise und überraschend gab Tamara mir etwas von ihrem Leben preis, kleine Erinnerungsstücke, einer Fremden erzählt, einer Ausländerin.

Wenn der Betrieb so nahe bei der Wohnung gestanden hatte, dann war diese Wohnung vielleicht sogar einmal eine Betriebswohnung gewesen und der leere Würfel da drüben ein Stückchen Sowjetindustrie. Überall standen solche verschlossenen Bauten herum. Ganz in der Nähe hatte ich auch so etwas gesehen, rätselhaft schick und leer, runder Neubau der siebziger Jahre.
– Unser Kino!

Gab es erst einmal einen Anknüpfungspunkt, stürzte eine kleine Springflut von Worten aus Tamaras Mund – die vielen Abende dort, die Nachmittage mit Freunden, es war immer geöffnet und immer die Filme, die herrlichen Filme der Sowjetunion.
– Warum habt ihr sie denn abgeschafft, wenn das alles so wunderbar war?
– Wir?, fragte Tamara verwundert.
Wir doch nicht. Sie ist zerfallen.

Und schon wieder Ende und Zappen und aus. Ein Gespräch entstand nicht aus solchen Anfängen, sie ging in ihr Zimmer, wo ich sie beten hörte, leise, leise, denn die Tür ließ sie immer ein bisschen offen stehen, dann war nichts mehr zu hören, dann schlief sie.

*

Neujahr stand vor der Tür, ich war eingeladen an den Stadtrand und in den Wald.
Und während Tamara sich feierlich von mir verabschiedete, um ein letztes Mal im alten Jahr ihre Autos zu bewachen, packte ich eine Tasche und lief zur Metro.
Hier in Russland im Winter muss man den ganzen Fuß auf das Trottoir setzen, wenn es geschneit hat, der Frostboden unter dem Schnee kann vereist sein, glatt, nicht abrollen also den Fuß, nein – stampfen, so nannte ich diese Gangart im Stillen. Wer nicht stampft in den Schnee, der fällt hin.
Zwar wurden die Trottoire frühmorgens täglich gefegt und geräumt, aber im Laufe des Tages schneiten sie zu, bis am nächsten Morgen wieder die Straßenfeger kamen, die dunkel-

häutigen Männer aus dem Kaukasus oder den Wüstengebieten der ehemaligen Sowjetunion.
Fremde Länder inzwischen.
Auch an diesem Tag hatte es ununterbrochen geschneit, und so stampfend, musste ich mich eilen, dass ich bei Tageslicht den Zug noch erreichte, denn die Vorortzüge waren leer in der Ferienzeit und die Fahrt lang. Wer weiß, wie allein ich in einem Waggon sitzen würde und wer einsteigen würde, als zweite Person. Als ich endlich schon aus der Ferne den richtigen Bahnhof heranschieben sah, war ich erleichtert, zumal ich das krumme Pünktchen zu deuten wusste, das da am Zaun zu erkennen war – Marina! Die schöne Marina.
Im Mai hatte ich sie erst kennengelernt, in Berlin. Sie war oft zu Besuch in Deutschland als Übersetzerin. Eines ihrer Lieblingsgesprächsthemen waren die Unterschiede zwischen Russen und Deutschen – was sie da alles beobachtet hatte, und das endete jedes Mal mit dem Satz, dass sie niemals in Deutschland leben könnte, weil ihr das viel zu langweilig wäre.

Für Silvester war alles schon abgemacht: Erst kaufen wir ein und dann kochen wir.
Gleich am Bahnhofsvorplatz, wo kreuz und quer Busse parkten, stand zwischen den vielen Buden auch ein Warenhaus. Klein zwar, und doch ein Warenhaus, irrsinnig voll an den Fischständen und an den Fleischständen auch, beim Champagner war gar kein Rankommen, voll bepackt schließlich mit allem, was gebraucht wird für eine Silvesterfeier, liefen wir dann im Dunkeln bereits in ihre Wohnung parterre, auch ein Neubau, auch einer der alten Sorte. Danach gab es Fernsehserien und Tee und am Morgen Kaffee.

Wir tranken Kaffee und rauchten.
Bullig warm war es in der Küche, logisch, auch hier gab es immer noch keine Ventile an den Heizkörpern, so wie früher.
– Wozu? Gas ist billig.
Und überhaupt: Wie früher, wie früher! Hör auf damit!

Ich hatte von Tamara erzählt, deren weitem Weg zur Arbeit und dem leeren Werksgebäude ganz in der Nähe. Wie absurd das wäre in meinen Augen.
– Ja, und?, hatte Marina dazu gesagt.
Wenn diese Frau glaubte, sie müsste täglich durch ganz Moskau fahren, um Nachtwächterarbeit machen zu dürfen, dann sei der auch nicht zu helfen, zog sich noch eine von diesen dünnen, weißen Damenzigaretten aus der Packung, die die Frauen hier überall rauchten, und das war's auch zum Thema Sowjetunion. Die sei nun mal eben zerfallen.
Zerfallen ist sie, die Sowjetunion, so sagen die Russen es alle, und wiederum nicht. Denn im Russischen kann »zerfallen« auch eine aktive Tätigkeit sein.
»Ich zerfalle mich«, kann man hier sagen, und das ist etwas ganz anderes als »ich zerfalle«. Union wiederum ist ein männliches Wort und müsste als »Bund« übersetzt werden. Ein Russe sagt also durchaus nicht: »Die Union ist zerfallen.«
Nein, er sagt: »Der Bund hat sich auseinanderfallen lassen.«
Und darum war das auch ein geniales Schlusswort auf jede weitere Frage, denn er war es selber gewesen, der Bund.
Er hat sich abgeschaltet.

Sprach's, zog die neue ORAKEL-Zeitschrift aus ihrer Tasche, las laut unsere Horoskope für das kommende Jahr vor, das ein

Jahr des Tigers werden würde, kraftvoll und erfolgreich und entschied, dass wir mit den Salaten beginnen.
So war sie, Marina.
Der Bildschirmschoner auf ihrem Laptop, der eingeschaltet immer in Reichweite stand, zeigte ein Flussufer mit einer blühenden Wiese. Dort in der Nähe stand ihre Datscha. Im Sommer sollte ich sie besuchen, mit ihr morgens baden im eiskalten Fluss. Das sei das Leben, das wahre Leben, dann kämen die Kinder, die Enkelkinder, und für die ist sie da. Seit die Union verschwunden war, konnte sie übersetzen für wen sie wollte, und die Wohnung gehörte ihr auch. Außerdem gab sie privat auch noch Deutschunterricht, es wollten ja alle nach Deutschland, und mit ihrem Betrieb hatte sie ein Fixum vereinbart für Übersetzungen – nein, ihr ging es besser, viel besser als damals.

Es war schon dunkel, als Marinas Freund mit dem Auto kam und alle die vollen Töpfe und Schüsseln einlud – wir fuhren.
Den Freund sah ich zum ersten Mal, ein dicklicher, älterer Mann, nun saß er vorne am Steuer, Marina daneben. Halblaut besprachen sie die kommenden Tage. Wer wo schlafen sollte und ob sie einen Ausflug machen würden.
Marina wandte sich zu mir nach hinten: Willst du, dass wir dir morgen ein Kloster zeigen? Unser berühmtes Kloster hier ganz in der Nähe?
Ja, warum nicht, und also war es beschlossen, und Marina sah wieder nach vorne und unterhielt sich leise weiter mit ihrem Freund.
Sie hatten sich tagelang nicht gesehen, die beiden, sie lebten getrennt. Marina wohnte zusammen mit ihrem erwachsenen Sohn.

– Soll ich ihn auf die Straße schicken? Das dürfte ich gar nicht. Die Wohnung gehört ihm genauso wie mir. Er verdient viel zu wenig, um sich selber eine zu mieten, und wozu auch? Er hat ja hier seinen Platz.
Der Sohn aber war gar nicht zu sehen gewesen.

Wir fuhren durch Wald und an Häusern vorbei, dunkel die meisten, Sommerhäuser also, dann wieder Wald, wir fuhren und hielten schließlich vor einem Zaun. Zäune umgaben die Grundstücke hier alle, hoch und glatt waren sie, ein Brett dicht neben dem anderen, so dicht, dass vom Haus oder Garten dahinter nichts zu sehen war, so war es üblich.

Von diesem Silvesterabend ist mir die Nacht in Erinnerung geblieben, denn nach dem Glockenschlag der Kremluhren aus Moskau im Radio wollten alle noch einen Spaziergang machen, und so stiefelten wir eine verschneite Dorfstraße lang im Mondlicht und unter Sternenhimmel, über eine Brücke ohne Geländer zu einem Waldstück, wo wir bis zu den Knien im Schnee versanken und umkehrten.
In diesem Dorf hatte Marina einmal gelebt, in ihrer verflossenen Ehe, im Haus ihres Mannes, sie kannte hier jeden, auch ihre Kinder waren gekommen, begegneten uns auf dem Wege, gratulierten zum neuen Jahr. Andrej, der Sohn und die Tochter Katja, eine schöne Frau, Witwe jedoch, der Mann verunglückt bei einem Autounfall.
Beide verschwanden schnell in einem Nachbarhaus, in das auch Marina hineinlief, aber bald wiederkam.
– Du hättest mitkommen sollen, sagte sie später, warum bist du nicht mitgekommen?

Es stellte sich heraus, dass fast alle inzwischen erwachsenen Kinder des Ortes in dieser Silvesternacht hier waren, hier, in ihrem ursprünglichen, ersten Zuhause. Einige seien sogar aus dem Ausland gekommen über die Feiertage, manche inzwischen schon reich geworden, und nun waren sie alle dort drinnen versammelt, aber weißt du, sagte Marina, wie sie da saßen?
– Wie denn?
– Ganz ernst.
– Na, ihr Jugend, warum so ernst?, habe ich immer gerufen, und dass doch Silvester ist, und ich will tanzen, und warum tanzt ihr nicht, aber sie – nein. Sie blieben ganz ernst, und so sitzen sie immer noch da, merkwürdig, willst du mal sehen?
Nein, ich wollte es nicht, und Marina brauchte eine Weile, um das kleine Erlebnis zu vergessen.
– Nur wir Alten sind lustig, wiederholte sie mehrmals, nur wir feiern richtig, wie komisch, wie merkwürdig. Seltsam.

Auch das war auf der verschneiten Dorfstraße mir erzählt worden, zwischen den hohen Bretterzäunen, die übrigens lange Schatten auf den breiten Weg warfen, so hell war das Mondlicht, und dann gingen wir in das Haus zurück, aus dem wir gekommen waren, zu dem Klavier drin, den Freunden und dem gedeckten Tisch.
Getanzt wurde hier auch nicht, aber auf der Rückfahrt saßen Marina und ihr Freund immerhin fest umarmt hinten im Auto und küssten sich, und der uns chauffierte, ein junger Mann, fuhr scharf und schnell zurück in die Stadt und schlug ein Kreuz jedes Mal, wenn wir an einer Kirche vorbeifuhren.

Nun, auch wir gaben am Neujahrstag der Heiligkeit die Ehre, denn heiliger als das Kloster von Istra ist kaum eines in der russischen Orthodoxie.
Weiß und frostbereift ragten die berühmten Kirchen und Kapellen aus dem Schnee. Der knirschte unter unseren Schritten, so kalt war es, aber sonnig auch, es gab einen Schalter für Eintrittskarten, wir kauften welche, bekamen ein Faltblatt dazu und folgten Marina auf einem Trampelpfad direkt in den großen Park, hier irgendwo sollte ein Fluss fließen, dessen Wasser niemals gefriert.
Auch eine heilige Quelle gäbe es dort in der Nähe.
Wir liefen, bis ein hohes Ufer zu sehen war. Es standen drei ältere Frauen darauf, eine von ihnen war gerade dabei gewesen, sich auszuziehen, sie wollte ins Wasser eintauchen.
Leicht gekrümmt, wie sie dagestanden hatte, als wir erschienen, blieb die Frau dort am Ufer auch regungslos stehen, unablässig zu uns blickend, wann wir nun endlich gehen. Also kehrten wir um.
Kleine Gruppen von kräftigen Männern mit Plastikkanistern stampften uns auf dem Trampelpfad entgegen, Kondenswolken ausstoßend wie Rauch. Die wollten sich heiliges Wasser holen.

Nach Marinas Angaben musste die Quelle irgendwo hinter uns liegen, dort, wo wir noch nicht gewesen waren, aber auch der Fluss führe heiliges Wasser, deshalb hatte die Frau ja drin baden wollen, und es sei derselbe Fluss, der an ihrer Wiese vorbeiflösse.
– Es soll Wunder wirken.
Glaubte sie das wirklich?

– Was willst du? Wir haben an so viel Unsinn geglaubt, alles sollte wissenschaftlich sein, nun, wenn schon, dann glaube ich lieber an so was. Es sind gute Dinge, die da versprochen werden. Gesundheit! Liebe!
– Gute Haut, sagte ich.
– Gute Haut auch, sagte sie, und wir mussten lachen.
– Wenn's hilft!
– Es hilft, sagte sie. Es hilft. Du wirst es sehen im Sommer!
Und so stampften wir durch den Schnee, an heiligen Kapellen vorbei, in Kirchen und Klöster hinein und später auch in ein Restaurant, wo Marinas Freund uns alle beide zu hervorragenden Fischgerichten einlud und wissen wollte, was die Deutschen gegen Atomkraftwerke hätten, diese Aktionen verstand er nicht.

*

War ich mit dem Zug zurückgefahren?
Ich wusste es nicht mehr.
Es war der zweite Tag des Jahres, als ich müde bei Tamara im Bett lag.
In meinem Bett. Meinem Zimmer.
Wo war ich gestern gewesen? Im verschneiten Wald, am fließenden Fluss, an einem heiligen Ort? Und hatte nicht jemand gesagt, es sei ein Ort des russischen Wesens hier, und es sei ihr Jerusalem?
Ich suchte die Karte, das kleine Faltblatt, in das die Wiesen, die Kirchen, das Flüsschen säuberlich eingezeichnet waren. Ja, da stand es, da wurde behauptet, hier sei nach dem Vorbild von Golgatha vor Jahrhunderten schon ein Hügel über dem Flüsschen Istra aufgeschüttet worden und nach dem Vorbild

der Kirche vom Heiligen Grab darauf dann ein Kloster errichtet.
Jeder Russe hätte das früher gewusst, denn seit die Türken das Christentum aus Byzanz verdrängt hatten, hätte die russische Kirche versucht, das Zentrum der gesamten Orthodoxie zu werden und ein neues Jerusalem hier errichten wollen, also dort, wo ich gestern gewesen war. Ein Pilgerzentrum sei es geworden, und das schon seit langer Zeit.

So still war es in der Wohnung und warm, dass ich ganz ergriffen von dieser Wendung meiner Reise dem nachfühlte. Das hätte ich anders erleben können, am ersten Januar noch dazu. Verpasst!
Regelrecht verpasst hatte ich das gestern, wo ich mehr an dem heiligen Wasser Interesse hatte. Dabei war es ein Wallfahrtsort. Ich kramte meine Ikonen hervor, stellte sie wie im Hotel in Kasan auch nebeneinander, wollte mich wenigstens nachträglich dieser Geistigkeit noch einmal hingeben, da ging die Wohnungstür.
Tamara war zurück von der Nachtwache. Schloss die Wohnungstür wieder ab und klopfte. Kam rein.
– Sie haben ja gar nichts gegessen!, sagte sie, der Kühlschrank sei immer noch voll, da sah sie die ganze Pracht.
– Oi!

Tamara setzte sich zu mir und betrachtete die verschiedenen Madonnen, nahm sie in die Hand.
Selber bete sie vor allem zu dem heiligen Sergius, aber wiederum, ich hätte recht, sie sollte auch wieder mehr an Maria sich wenden, sprach's und verließ das Zimmer, kam zurück mit ei-

nem Kirchenkalender des neuen Jahres und schenkte ihn mir, er war voller Marienikonen.
Meine Erzählung hatte sie belebt, aufgeregt möglicherweise, dass eine Fremde wegen Maria nach Kasan fährt, gefahren ist, und dass es ausgerechnet ihr Zimmergast war, der das getan hatte.
Zusammen blätterten wir in dem Kalender, dann sollte ich in ihr Zimmer kommen und ihre Ikone betrachten, es war eine echte, kleine, aus Holz, eine Kerze brannte davor, und später klopfte sie noch einmal an meine Tür. Sie brachte ein Buch mit, hielt es mit beiden Händen vor mir hoch.
– Das, sagte sie, das müssen Sie auch lesen, das!
Es war ein Bildband über die Zarenfamilie.
– Sie sind heilig gesprochen, wissen Sie das?
Die ganze Familie. Sie wurden ermordet!

Ja, ich wusste es, jeder weiß es, die Bolschewiki hatten sie umgebracht, die Eltern, die Kinder, sehr bald nach der Revolution wahrscheinlich, so antwortete ich, aber Tamara wollte auf etwas anderes hinaus.
– Es waren die Juden.
Ich war überrascht. Warum die Juden?
Nun, ich sollte das Buch lesen, da stünde alles drin. Sie waren's, sind es gewesen!
Das verstand ich nicht. Es waren die Aufständischen. Und wer nun genau, war das nicht egal? Nein, gar nicht, weil's eben die Juden waren. Die hätten den russischen Zaren ermordet.
Und da ich ihr offensichtlich nicht glauben wollte, hielt sie mir immer dringender das Buch vor die Nase wie ein Plakat:
– Lesen Sie!

– Und kein Russe war also dabei gewesen, kein Mensch einer anderen Nationalität?
– Doch. Aber die seien weniger verantwortlich als jene!
Das war mit solcher Heftigkeit vorgetragen, dass ich erschrak.

Denn dass hier in Russland etliches gegen Juden geschrieben wurde und auch verkauft, in Büchern und Zeitungen, das hatte ich schon gesehen, aber was ist das ganze Bücherwissen gegen einen einzigen flammenden Blick?
Einen Blick wie den von Tamara mit ihrem großen Buch in den Händen, das sie mir dringend entgegenstreckte?!
– Nehmen Sie!
Nein, ich nahm es nicht. Wir standen uns gegenüber und ich dachte, dass ich ihr auf der Stelle sagen müsste, dass mein Vater auch Jude war, aber ich sagte das nicht. Etwas hatte mir die Sprache verschlagen.
Tamara sah das und verstand es auf ihre Weise.
– Sie interessieren sich mehr für Maria, sagte sie leise und wandte sich zum Gehen. Dann aber drehte sie sich noch einmal um, kam nah zu mir heran:
– Wissen Sie was? Russland ist Maria. Russland.

Russland also. Und dann?
Dann packte auch mich das Grauen. Denn ich konnte es spüren auf einmal, ein Grauen vor Satan persönlich war eben hier noch im Zimmer gewesen, eine uralte, panische Angst, flatternd und körperlich. Es war eine Angst vor der dunklen Höhle, dem tapsenden Ungeheuer darin, das keiner kennt, je gesehen hat, aber die grässlichsten Visagen schnell mal herausstreckt zu uns und nur Unheil anrichtet. Böses.

Ich wollte jetzt raus hier, nur weg. Tamara saß Zeitung lesend in ihrer Küche am Tisch. Über ihr, auf dem Küchenregal, war das Fernsehgerät eingeschaltet. Dort auf dem Bildschirm kämpften zwei Männer, das übliche Hauen und Stechen war das, wie bei uns in Deutschland genauso im Fernsehen, Schüsse waren zu hören, Schreie. Tamara hob nur den Kopf, als ich darauf zeigte und nickte dazu.
– Man bereitet uns schon vor.
– Worauf?
– Sie sehen es doch.

So ruhig sprach sie davon, so still saß sie da. Und das, ihre tieftraurige Überzeugung von dem schrecklichen Ende für alle demnächst, erschütterte mich beinah noch mehr als das Entsetzen in ihren Augen, als sie von den mordenden Juden gesprochen hatte.

Draußen schneite es. Ich war an die Luft gegangen, eine dunstige, graue Luft war es an diesem Tag, auch der Schnee schien grau und gefiel mir nicht mehr, der Zauber war aus.
Meine Tante fiel mir ein. Meine allen Kommunisten und Sowjeteinrichtungen gegenüber so kritische Tante, die Lehrerin! Im tiefsten Sibirien hatte sie gelebt, weit hinter dem Baikalsee, und war doch immer stolz darauf gewesen, eine aufgeklärte Frau zu sein. Was hätte sie jetzt gesagt?
Sie war im Kreis ihrer Freunde gestorben, gelähmt vom Infarkt. Die Familienikone ihr auf die Brust zu legen, das hatte sie erlaubt, aber den Popen zu holen hatte sie verweigert. Sie wollte das nicht, denn sie glaube im Grunde auch nicht, und wenn, dann nur an den Fortschritt.

Der Fortschritt. Der war es, der weg war, verschwunden, jetzt wusste ich es.
Der Fortschrittsglaube. Nun sollten es Wunder sein. Wer an Wunder glaubt, glaubt auch an Zauberei, an Teufel und Hexen, gute und böse, ach, ich lief ziemlich alleine die Straße entlang, kein Mensch draußen bei solchem Wetter, und es war wieder mal eine der überbreiten und überlangen Straßen Moskaus, unbarmherzig in die Gegend geknallt für eine schnell wachsende, große Stadt unserer Gegenwart.

Solche Straßen geben keinen Halt, kein Anhalten und keinen Trost. Wie auf riesigen Uhrzeigern läuft man hinaus aus dem Raum, den man suchte, ins Nichts, in die Leere, da stampfte ich rein und hindurch, denn stampfen musste man auch an diesem Tag, stampfen und nachdenken, auch wenn es schwerfiel: Der Fortschritt. Das war es, die ganze Zeit schon, das war es, was weg war – der Fortschrittsglaube.
Ins Loch gefall'n, schwarzes Loch. Das war es auch, was Tamara gesehen hatte.
Ein schwarzes Loch. Sie hatte es klar erkannt und hielt dagegen, so gut, wie sie konnte.

Eine Buchhandlung war geöffnet, und um auf andere Gedanken zu kommen, blätterte ich in einem neuen Buch zur alten Geschichte Russlands, las, dass es russische Fürsten waren, die mit Tataren und Türken zusammen einst ganz Europa beherrschten, fand noch andere Merkwürdigkeiten, griff hierhin, griff dorthin, tatsächlich kamen die Juden häufiger vor, als ich es bisher bemerkt hatte, die Revolution wurde ihnen angelastet mit ihrer Zerstörung der alten Kultur, aber die Zerstörung der

Supermacht Sowjetunion ebenso, und heute in Russland den Kapitalismus einzuführen, hieß auch nur, das Land auszusaugen, dem Westen zu öffnen, und auch das waren sie, die dran drehten, mit einem Wort: Alles, sie hatten alles getan.
Und die Russen? Hatten die gar nichts gekonnt?
Und wiederum – unerhört viele Verfasser bekannter Romane und Essays hatten jüdische Namen, auch in Zeitungen die Journalisten, und mit kritischen Büchern zur jüngsten Geschichte waren sie auch vertreten, aber wie schwach schienen mir gedruckte Namen gegen gedruckten Hass.

Ich musste dringend mit jemandem reden. Ines war abgefahren nach Berlin, ich wusste es, rief trotzdem an, Swetlana am Telefon sagte sofort:
– Irina, es geht Ihnen nicht gut!
Ach nein, sagte ich, nur es stände so viel Mist in manchen Büchern, die in den Buchhandlungen hier liegen, zum Beispiel über ein völlig aus dem Gedächtnis der Russen gelöschtes Imperium, und das viele Silber auf russischen Kirchenkuppeln sei nur das Tributgeld Europas, und Peter der Große …

– Irina, unterbrach sie mich, was fassen Sie so etwas überhaupt an?
Wie können Sie nur so was lesen?
– Man redet aber auch so, ich höre es doch, erwiderte ich, und an ihre Antwort kann ich mich noch erinnern:
– Irina, mit wem reden Sie?

Da war es mir unangenehm, und ich wollte ja eigentlich auch nur ein gutes neues Jahr wünschen, sagte ich, verkniff mir zu

sagen, dass es ein Jahr des Tigers sei und wir im orthodoxen Kalender nach Cäsars Berechnung noch gar nicht am Ende des alten Jahres angelangt waren.
– Im neuen Jahr bin ich hier weg, sagte ich, im neuen Jahr nach der alten Berechnung. Das war nun bloß noch komisch, und als ich lachen musste, ging ich zurück in die Wohnung. Da saß Tamara immer noch am Küchentisch.
– Da sind Sie ja!

Der Tisch war gedeckt für zwei. Ein Neujahrsfrühstück.
Grünes und Rotes, Hering und Huhn, Pasteten und Torte. Wir aßen.
Danach zeigte Tamara mir Fotos von ihrem Garten, der Datscha, den Kindern, dem Glück dort im Freien, verjüngte sich sichtlich dabei, gelöst saß sie da, das Fernsehen ausgeschaltet, aber einschalten würde sie auch, wenn ich wollte, oder eine Kassette einlegen.
Sie hätte nicht nur Predigten, nein, auch welche über Geschichte, die russische, denn es würde nun alles ganz anders erzählt, sehr spannend sei das, Peter der Große zum Beispiel …
– Ich weiß es schon, sagte ich, er ist vertauscht worden.
Sie nickte.
– Danach saßen immer deutsche Frauen auf unserem Thron.
Das auch noch! Daran hatte ich gar nicht gedacht. Ach nein, ich wollte die Filme nicht sehen.
Tamara wollte mir auch die Vouchers zeigen, die Anteilscheine, die jeder Bürger der Sowjetunion vom Volkseigentum hatte erhalten dürfen. Irgendwo müssten noch welche liegen, denn sie hatte nichts damit anfangen können.
– Privatisierung, sagte sie und lachte böse.

– Prichvatisierung hätte es heißen müssen.
»Anraffung« müsste man das übersetzen, denn es steckte das Wörtchen *chvatatj* drin – greifen. Aber Tamara fand die Vouchers nicht, und ich ging in mein Zimmer und packte die Ikonen wieder ein.
Meine Pilgerreise war beendet.

Tamara aber ließ nicht locker. Ob sie mir nicht doch etwas zeigen könnte?
Sie hätte am nächsten Tag frei. Da juckte mich wohl der ewige jüdische Widerspruchsgeist, nun, da er geweckt war und alarmiert:
– Diese große kommunistische Plastik würde ich gerne sehen, die vor den sowjetischen Filmen sich drehte im Strahlenkranz, ähnlich dem Löwen von Metro-Goldwyn-Mayer, ein Mann und eine Frau, die fassen sich an den Händen und rennen vorwärts, schnell vorwärts.
– Muchina!, rief Tamara.
Sie steht in der Allunionsausstellung. Was für eine gute Idee! Dort soll grade jetzt ein großer Blumenzwiebelverkauf für den Garten eröffnet haben, ja, das machen wir!

*

Wir fuhren. Die Metro hat eine Station dieses Namens: WDNCH.
Der Name einer jeden Station wird immer nur einmal genannt, aber bedeutungsvoll, so als ob der Sprecher »Sesam öffne dich!« sagen wollte, so hallte es feierlich: WDNCH!
Es ist die Abkürzung für »Ausstellung der Errungenschaften

der Volkswirtschaft der UdSSR«, eine Abkürzung, die heute noch jedem geläufig ist, obwohl der Name verändert wurde. Und es ist auch keine große Volkswirtschaftsausstellung mehr damit gemeint, kein Idealbild der Sowjetunion, sondern ein Handelszentrum, doch was es wirklich ist, sieht auch der Dümmste sofort: der große Friedhof der Sowjetunion.

Alle die Pavillons der verblichenen Sowjetrepubliken stehen da einer neben dem anderen – Grusinische Sowjetrepublik, Weißrussische Sowjetrepublik, Kasachische Sowjetrepublik und so weiter. Römischen Prunkgräbern ähnlich. Wahrhaftig ein Tempelbezirk.

Im Kreise um einen riesigen Springbrunnen glänzten erhöht und vergoldet sehr aufrechte, steife Frauenfiguren. Das Wasser, in das sie die Hände streckten gewöhnlich, war abgeschaltet, nun hielten sie Schnee in den Händen, und die Stille ringsrum verstärkte die magische Wirkung ihrer archaischen Ausdrucksweise.

Wahrscheinlich hatte hier der Besucher einmal das Gefühl haben sollen, ein Märchenreich zu betreten, das Märchen der glücklich verbundenen Völker der Sowjetunion. Und ein Märchen betraten wir auch an diesem Tag, nur war es ein anderes Märchen inzwischen, ein gut bekanntes und oft variiertes, in dem der naive Held den großen Zauberer sucht und besiegen will.

Jedes Mal muss er zuletzt einen Garten der Steine durchqueren, oder der Salzsäulen oder verzauberter Tiere, die auch einmal Menschen gewesen waren, aber den Rückweg nicht schnell genug fanden.

So gesehen, war WDNCH ein Codewort vielleicht, vielleicht auch die Zauberformel.
Tamara wusste hier gut Bescheid und führte mich vorzugsweise in die Pavillons, in denen etwas verkauft wurde – Stoffe, Würste, Teppiche, egal.

Großzügige Eingangshallen waren es jedes Mal, weite Treppenhäuser, in denen dann aber ganz banal Tische zusammengeschoben waren, Regale. Tamara lief zielstrebig hierhin, dorthin, und überhaupt mussten wir im Schnee, denn es schneite nach wie vor immerzu, weite Strecken zurücklegen, bis wir an dem Bauwerk anlangten, wo die Gärtner warteten mit den Dahlien- und Hyazinthenknollen. Die Figur aber, die berühmte, stand nicht in der Allunionsausstellung, wie Tamara geglaubt hatte, sie stand davor.
Das war aber nicht nah, es war weit, irgendwo vor dem Eingangstor war es, Autos kurvten dort viele herum, massenhaft Autos im Schneefall, der langsam zum Sturm wurde, eine Art Verkehrsinsel war darin zu erkennen, und hoch in der Luft die Doppelfigur.
Im Jahr 1937 hatte sie auf dem sowjetischen Ausstellungspavillon für die Weltausstellung in Paris gestanden. Ganz vorne, auf dem höchsten Punkt des Hauses, das halb leer gewesen sein soll, weil die Sowjetunion an Waren kaum etwas der Welt vorzuzeigen hatte, aber den Anspruch, den in der Form des Gebäudes und der Figuren verkörperten Anspruch, den zeigte sie wohl.
Das Haus war Legende geworden, das ist alles nachzulesen, die Figur steht heute zehn Meter höher als damals, steht auf einem Neubau, der ein Museum enthalten soll für die Künstlerin Vera

Muchina, die eine Kaufmannstochter aus Riga gewesen war, in Paris studiert, bei Rodin noch gearbeitet hat, das ist alles nachzulesen, aber wir kamen nicht ran.

Der stürmende Schnee hielt uns ab, und die Straßen um dieses Museum herum, wüst und laut, alles rollte und dröhnte um diesen Mittelpunkt dort, diesen Mann, diese Frau, und sie, diese beiden, die flogen geradezu dort in der Höhe, sehr groß, das sah man aus unsrer Entfernung sogar, dass sie unglaublich groß sein mussten, diese Frau, dieser Mann, silberglänzend und muskulös, und übrigens – sie fassen sich nicht an den Händen!

Überhaupt gar nicht machen sie das, nein, in der Hand auf der Seite der Frau hält der Mann einen Hammer nach oben, das ist seine rechte Hand, und sie in der Linken streckt eine Sichel zum Himmel. Die Unterarme allerdings, die berühren sich, die sind fest aneinandergelegt als eine ziemlich erotische Bahn für den Strom, der aus den Händen dann sprüht, nach vorne, nach oben!

Mit dem erstarrten Märchenreich hinter uns hatte das nicht viel zu tun, und auch nichts mit den vielen Siegesengeln, den flatternden Psychen, Dämonen und Drachen, die Menschen sich immer schon schufen als Flügelgestalten. Diese hier sollten einmal die Zuversicht irdischer Wesen darstellen, die Götter nicht kennen noch brauchen.

Aber wie sie da vorwärtsstürmten, den Wolken entgegen, sah es auch nach Flucht aus, nach Abhauen, schnell, weg von hier und nach Hause, dorthin, wo sie herkamen, und wo war das? Was war das? Dort in den Wolken?

Sie schienen tatsächlich das Ziel zu wissen und dorthin fliegen zu wollen, nach oben, dort zwischen den Schauern aus Schnee und aus Graupel inzwischen, ja regelrecht Eis, zwei Übermenschen, gleich würden sie weg sein, aber wenn wieder ein Windstoß den Blick auf sie freigab, dann flogen sie immer noch, so treulich verkörpernd ihr Ideal, dass ich den Anblick nicht lange ertragen konnte.

Ich sagte:
– Bei uns nennt man den Kommunismus ein Projekt.
– Waas?!
Tamara war fassungslos stehen geblieben vor Überraschung.
– Was soll denn das für ein Projekt sein?
Ich zuckte die Schultern, ging weiter, rutschte aus, Tamara über mir konnte nur mit dem Kopf schütteln. Sie ärgerte sich.
– Warum sind Sie hingefallen?

Zwei Fragen, auf die es keine Antwort gab.

*

Drei Tage später war ich zurück in Berlin. Und da war Berlin wieder ein Puppenhaus, aber ein dick vereistes.

Der Winter verging, der Frühling – was ist denn nun, fragte Marina im März, in meinem Kalender stehst du noch drin für den Juli.
Ich zögerte und ich wartete auch, keine Lust mehr auf alle die Heiligkeiten, und die einen fliegen zum Himmel, die andern zur Hölle, und ich fliege immer nur auf den Hintern, und doch – es war Russland, ich wollte nach Russland, ich fuhr.

3

Einmal werden wir daran denken. Ein Licht im dunklen Garten, ein Gespräch, das verstummt, eine Zigarette, die verlischt, eine Katze, die vom Stuhl springt und im Dunkel verschwindet. Eine Fernsehstimme aus der offenen Haustür, ein blecherner Eimer, der auf den Fliesen des Gartenweges scheppert, weil ihn jemand abgestellt hat, ein Schatten auf dem hellen Weg zum Gartentor, das war ein Kind.
– Sascha?
– Ich geh noch mal los.
– Komm nicht so spät.
– Nein.

Das war der Sommer. Die Nacht. Das Haus. Die Stille. Frieden. Frieden in Moskau, Frieden im Sommer. Einfach so.
– Das wollte ich dir zeigen. Unser Leben hier.
Die hohen Bretterhaufen rings um das Haus sind jetzt nicht mehr zu erkennen, und vom Haus nur die offene Tür und dahinter ein Küchentisch.
– Für Ausländer tun die Leute bei uns jetzt alles. Sie reißen sich den Hintern auf, wenn sie solchen Besuch kriegen, alles soll vornehm sein für sie, fein. Ich nicht. Ich wollte, dass du alles so siehst, wie es ist.

War das der erste Abend, der letzte? Es war jeder Abend so. Nastasja Petrowna kommt angetrippelt, die Professorenwitwe, hat eine Schale voll Himbeeren gebracht.
– Na, Mädchen, seid ihr noch wach?

Grelle Sonne am Tage. Ein Sommerwind bewegt die Äste der Bäume, jedes grün leuchtende Blatt wirft auch noch einen wackelnden Schatten auf die Laube, die drunter steht, auf deren grün gestrichene Bretterwände. Wer aus dem Haus tritt in dieses Flimmern des Lichts, kann den Morgen nur golden nennen, und haben die Augen sich daran gewöhnt, kann er Marina mit einem Beutel am Gartenzaun vorbeilaufen sehen.
– Ich hol jetzt den Quark!

Es summt in der Laube von Bienen und Wespen am Tage, und wenn wir ausreichend frischen Quark mit saurer Sahne und Himbeeren gegessen haben, Kaffee getrunken, und Marina hat ihre Tablette für die Augen genommen, ein teures Mittel, man hat es ihr aufgeschwatzt, ob das nun richtig war, es zu kaufen, sie weiß es nicht, aber nun nimmt sie es, dann wird in Ruhe geraucht. Der Bretterhaufen rings um das Haus, Bretterkranz eigentlich oder Bretterkragen, liegt am Tage natürlich nun auch in der Sonne. Das ist nun mal so, und den rührn wir nicht an, sagt Marina, denn das ist keine Arbeit für Frauen, und eh wir unsere Männer zusammenhaben, da haben wir uns so viel geärgert, dann ist die Zeit auch verdorben, also gewöhne dich an den Anblick!

Am Tage kommt Lisa, die krank ist und deswegen struppig, sie begrüßt uns, die große, scheckige Lisa, bekommt ein Stück Wurst und dann geht sie, kommt wieder zurück.
– Eine turkmenische Schäferhündin. So alt, wie sie ist, so klug ist sie auch, versteht alles, die arme Lisa.
– Warum denn arm?
– Weil sie bald sterben wird. Sie weiß es.

Dann folgen wir Lisa auch mal zu dem Haus, aus dem sie gekommen ist. Es sind nur ein paar Schritte, und schon stehen wir in dem Bild, das auf Marinas Laptop als Bildschirmschoner gespeichert war: die Blumenwiese. Und ebenso wie auf dem Foto ist unten im Tal ein Fluss zu sehen.

Am Tag gehen wir runter zum Fluss, Wasser holen. Wir trinken hier Quellwasser.
Die Quelle entspringt dem Hang, ganz unten, gleich neben dem Ufer. Es schützt sie ein Holzschacht mit einem Deckel darauf. Klappt man den Deckel hoch, sieht man klares Wasser drin in der Kiste stehen, vielleicht einen Meter hoch. Von irgendwo läuft es ununterbrochen hinein. Mit einer halben, sauberen Plastikflasche, die auf einem Stab neben der Kiste steckt, schöpft Marina dann Wasser in ihre Kanister.

Am Tage sind unten am Fluss Stimmen zu hören, Kreischen, da baden Kinder auf einer Sandbank, da steht auch Sascha in Badehose und zittert, bis zur Hüfte im Wasser.
Kaum sieht er uns auf dem Uferweg, taucht er weg und die anderen auch, ein Mädchen ist stehen geblieben, ein junges Mädchen, lacht laut, läuft den Hang hoch auf einmal, wir auch, und kaum sind wir oben, ist die Hitze fast nicht auszuhalten.

Und wie die heiße Mittagsluft fast alles Leben zum Stillstand bringt, am Tage, fährt ein rotes Auto in unseren Garten herein, hält vor dem Haus mit den Bretterhaufen, eine junge Frau springt heraus, wirft eine Tüte mit Windeln vorn auf die Bank, drückt Marina ein dickes, kleines Mädchen in den Arm.
– Mama, ich muss mich mal hinlegen!

Sie wartet die Antwort nicht ab, ist schon drin im Haus, Tür zu und Ruhe. Marina hat dazu nur genickt und läuft von jetzt an der Kleinen hinterher, die in den Garten stampft, um die Katze zu fangen, dann im Sandkasten sitzt, dann gewiegt wird, getragen, gefüttert, zum Schlafen gelegt – zwei Stunden, drei, den ganzen Tag lang würde sie es tun, so glücklich ist sie über das Kind, Katjas neues Kind, ein Mädchen! Einen Mann dazu hat Katja auch, aber der muss arbeiten, sie dagegen nimmt Babyzeit, ist immer müde, jetzt schläft sie, kommt erst spät aus dem Zimmer heraus. Katja:
– Ich brauchte das mal. Die Kleine hat die ganze Nacht nicht geschlafen, kriegt Zähne, war es schön für euch?

Das Kind stampft aus der Küchentür, will Kirschen pflücken, stopft sie sich mit beiden Händen in den Mund, alles lacht, unsre Dascha, so heißt es, sie weiß genau, was ihr schmeckt! Und dann kauft Katja vorne am Kiosk für jeden ein Eis, hat auch einen Teller Suppe gegessen, den Marina ihr hingestellt hat, packt alles zusammen, fährt ab. Ach nein, eine Frage noch:
– Sascha? Wo ist er?
– Dein Sohn hat grade gefrühstückt, ist grade gegangen.

Am Tag, wenn über dem Hang mit der Blumenwiese die Sonne schon untergeht, spazieren wir mit Marina die Dorfstraße lang. Aber ein Dorf ist das längst nicht mehr, eher ein Vorort mit Sommerhäusern aus allen Bauzeiten der Sowjetunion. Die riesengroßen Häuser allerdings sind erst kürzlich entstanden, sie scheinen unbewohnt und sind hoch wie Berliner Mietshäuser. Zäune stehen davor wie Wände. Wo man Ritzen findet, in die Gärten zu blicken, sieht man gut gemähte Gartenanlagen, Gewächshäuser, Blumenrabatten.

Es sind breite Sandwege, auf denen wir langsam laufen, fährt ein Auto vorbei, wirbeln Staubwolken hoch, und alles ist leer am Abend.
Einmal kommen wir an einem Container vorbei, von dort tönt Musik. Es wohnen Arbeiter drin. Marina denkt, dass das Tadschiken wären und dass sie zu der Baustelle unten am Fluss gehören, wo jemand ein ganzes Areal gekauft hat und jetzt bebaut. Dort laufen wir hin, aber der Weg ist versperrt. Anderswo sind zum Fluss runter neue Wege entstanden zwischen zwei Grundstücken. Da haben sich Hausbesitzer ihre Gärten vom Hang oben fast bis an das Flussufer runter verlängert, unten die Wiesen gemäht, sogar Bootsstege angelegt.
– Sie haben die Ufer verschönert, sagt Marina, aber inzwischen tun sie so, als ob das alles ihr Eigentum wäre.

Das ist der Tag. Sein Zentrum das Haus. Dessen innerster, dunkelster Kern sind zwei Zimmer, aus dicken Bohlen zusammengefügt. Nur die sind einmal das Haus gewesen. Marinas Urgroßvater hatte es für Marinas Großmutter gekauft: zwei kleine Zimmer, ein russischer Ofen, ein Dachboden drüber.
Ein Krümel von einem Haus, sagt Marina.
Vor die beiden alten Zimmer hat Marinas Vater in den neunziger Jahren noch zwei Zimmer gebaut, das sind jetzt Veranda und Küche. Nun aber, plötzlich, seit einer Woche vielleicht, seit zehn Tagen höchstens, hat Marina vier Zimmer dazubekommen.
Vier Zimmer!

Es war das Thema aller Mails aus Moskau vor meiner Abreise: diese Zufälle plötzlich in ihrem Leben! Zuerst bekam sie vier Fenster geschenkt, dann waren bei Nachbarn ein paar Balken übrig, die trugen sie ihr auch noch in den Garten, und bald darauf blieb ein Tadschik vor dem Gartenzaun stehen und fragte, ob's hier was zu tun gäbe.
– Arbeit!
Marina hat einen Preis gemacht, einen Kredit aufgenommen, da kam schon die Baubrigade, und zwei Wochen später laufen wir beide feierlich durch die neuen Zimmer.
Es sind Zimmer wie ungehobelte Holzkisten, klein und vollkommen leer, aber eben vier Zimmer, vier Zimmer, ein Traum!

Sogar an einen begehbaren Kleiderschrank hat Marina gedacht, ein Bett auch gleich eingebaut, was will man mehr?
– Hier werde ich leben, wenn ich mal alt bin.
Die Fenster in dem Raum mit dem Kleiderschrank nennt sie die Schlafzimmerfenster.
– Ist es nicht wunderbar hier?!
Es riecht, als ob wir in einer Zigarrenschachtel stehen, dazu ein Gefühl vollkommener Trockenheit, und natürlich schwingen die Böden bei jedem Schritt und wiederum, es ist alles stabil, ist aus Balken von beinahe zwanzig Zentimeter Dicke, und von solcher Art hat Marina nun vier! Vier Zimmer!
– Zwei sind für mich.
– Und die anderen?
– Werden wir sehen.

Nachts betrete ich eines der beiden uralten Zimmer zum Schlafen. Die Dielen hier sind eigentlich Bohlen, man sieht es, die

sind nicht gehobelt, die sind mit Beilen behauen – »abgebeilt« heißt das bei uns, das können nur Zimmerleute. Die Wände der alten Zimmer sind noch aus runden Stämmen zusammengefügt, von außen sieht man es, von innen sind sie mit Paneel verkleidet, also hellbraun lasiertem Holz.
Überm Kopfende meines Bettes hängt ein Bücherregal, es sind da die dunklen Leineneinbände sowjetischer Bücher zu sehen. Auf einem das Wort: *Detektiv*.
Detektiv – ist täglich das Letzte, was ich lese, bevor ich das Licht lösche.
Im anderen alten Zimmer schläft Sascha, aber Sascha ist vierzehn, wenn ich das Licht lösche, ist der noch nicht da.

Morgens wieder die Laube, das Frühstück, der Quark. Dann Lisa, der Gang zu dem Hang nebenan, dem Haus dort, es ist ein Fertighaus, klein, dann kommt Lena heraus, die junge Besitzerin.
Lena, die alles, was hier auf dem Hang steht, erdacht hat, geplant, konstruiert und den Sparplan gemacht für das Haus, die herrlich geräumige Laube daneben mit Schlafcouch, das Duschhäuschen und das Toilettenhaus und neuerdings auch noch den Brunnen. Morgens stellt Lena sich neben uns, und gemeinsam betrachten wir die Wiese, den Fluss und das Flussufer gegenüber. Eine aufsteigende grasgrüne Weite ist das, mit riesigem Himmel darüber.

Wenn wir so in die Weite sehen, muss ich jedes Mal daran denken, dass dort drüben einmal die Truppen der Wehrmacht standen. Sie standen vor Moskau, wie jeder weiß, aber das, wo sie standen, war dort gewesen, dort drüben.

Hier auf unserem Hang hatten sich die Russen in die Erde gegraben, und in den Hang gegenüber die deutschen Soldaten. Sie konnten sich sehen.
– Jaja, sagt Marina dann jedes Mal, wenn wir dort stehen.
Und du kannst dir nicht vorstellen, wie lange wir hier mit Patronenhülsen gespielt haben als Kinder, und mit den schweren Patronenbändern für die Maschinengewehre. Und überall Schützengräben, bis in die fünfziger Jahre.
Zu dieser Zeit schlafen die anderen noch, der kleine Sohn und die alte Nastasja Petrowna, das ist Lenas Schwiegermutter. Lenas Mann ist um diese Zeit schon losgefahren zur Arbeit.
Lenas Mann ist Marinas Neffe – Boris. So hängt das zusammen.

Am Tage laufen wir dann wieder zurück zu Marinas Haus oder in ihren Garten, pflücken Beeren, die roten, die schwarzen, oder wir gehen spazieren. Nicht in die Richtung der teuren Häuser am Fluss, sondern lieber zum Ort hinaus, wo noch die alten Blockhäuser stehen. Marina zeigt auf eine Hütte, die kaum zu erkennen ist zwischen hohen Blumen und Himbeersträuchern. Dort hatten ihre Eltern einmal ein Zimmer gemietet für sich und Marina, als sie zu Hause ausgezogen waren vor Ärger über den Großvater. Aber nach ein paar Wochen sei der gekommen und hätte sich bei den jungen Leuten entschuldigt, und dann zogen sie wieder zurück.
– Auch so etwas hat es gegeben.

Und so plaudernd laufen wir an dem Haus vorbei, aus dem gerade zwei Mädchen herauskommen, die nichts davon wissen können, dass in diesem Moment eine Frau vorbeigeht, die als

kleines Mädchen ebenso wie sie einmal vor derselben Haustür stand, zwischen den Himbeersträuchern, und fremden Spaziergängern zusah.
Die Sandstraße ist still und leer, manche Besitzer mähen das Gras vor ihren Zäunen, andere nicht. Und weiter geht es, zu einem schattigen Fleck mit hohen Bäumen und einer Bank.
– Das war unser Park.

Hier hätten sie immer gespielt, Marina und ihre jüngeren Schwestern, wenn sie bei der Großmutter waren. Einmal sei die Lehrerin des Ortes vorbeigegangen und habe sie alle drei eingeladen, zu ihr in die Schule zu kommen, obwohl sie noch keine Schulkinder waren. Nur still müssten sie dort sein. Sie hätte dann jeder ein Blatt Papier gegeben und einen Stift, und mit angehaltenem Atem hätten alle drei ganz leise mitgemacht bei dem Unterricht.
– Das war eine bucklige Frau. Sie kam uns uralt vor. Bis zu ihrem Lebensende war sie im Ort die Dorflehrerin.

Ja, bis zum Lebensende, und dann wurde sie hier begraben und Marina hat mir ihr Grab gezeigt, denn zum Friedhof gehen wir auch. Nur die Straße weiter, ein Stück noch durch Kiefernwald, da liegt er – ein Waldfriedhof.
Jedes Grab hier hat einen hohen Zaun. Von Marinas Eltern sind Porträts auf einen Doppelstein aus Granit geätzt. Einfache, ernste Gesichter.
Auch das Grab der Großeltern findet Marina, also der Eltern des Vaters, und wenn wir zurücklaufen, bringe ich alle die Menschen und Dörfer durcheinander, von denen sie spricht. Dann bleibt sie stehen und zeigt in die verschiedenen Richtun-

gen – es ist doch nicht schwer. Von dort stammt der Vater, von dort die Mutter, und da lebten die Eltern mit ihr. Alles nicht weit. Alles zu Fuß zu erreichen, ja – man lief zu Fuß.
Selbst sie, als sie noch ein Kind war, lief zu Fuß. Einmal sogar bei strengem Frost durch den tiefen Schnee – die drei Kilometer zur Großmutter. Da war sie erst fünf Jahre alt.
Und zwar war es an einem Wahltag gewesen. Das war damals ein Feiertag. Zur Wahl zogen die Leute sich gut an, auch auf dem Dorf, ein neues Kleid, einen Anzug. Marina hatte einen kleinen Pelzmantel geschenkt bekommen, einen wunderschönen kleinen Pelzmantel, und als die Eltern gegangen waren, zog sie ihren neuen Mantel an und lief los – die Großmutter sollte ihn sehen! Aber es war niemand da. Alles war abgeschlossen. Die Großmutter war auch zur Wahl gegangen. Marina hat sich ins Holzklo gesetzt und ist vor Erschöpfung eingeschlafen.
– Dann ging die Tür auf und meine Eltern standen da! So glücklich!
Nie haben sie geschimpft. Alles mir erlaubt.

So laufen wir durch den Kiefernwald am Tage, und Marina erzählt ihre Kindheit.
Hier in Russland, wo Familien über fast hundert Jahre hin und her geschickt und zerrissen wurden, die Dörfer zerstört, erzählt sie von einer ganz gewöhnlichen Dorfkindheit.
Wie ein Wunder kommt mir das vor.
Denn wenn wir zurücklaufen, vorbei an Datschen und Datschenbauplätzen, dann stehen wir schließlich wieder vor einem sehr alten Haus, Haus der Großmutter und der Mutter auch.
Das Haus ist das Zentrum von allem.

Oder ist die Laube das Zentrum?
In der Laube sitzen wir, wenn's am Tage zu heiß wird, wir sitzen dort abends und nachts und mit allen Besuchern – mit der Nachbarin grade, die schnell mal hereingehuscht ist, um Neuigkeiten uns zu erzählen, von Saschas Freunden zum Beispiel, den Bengeln, die allen Verboten zum Trotz auf ihren Motorrädern die Wolokolamsker Chaussee unsicher machen und einen Unfall gerade gebaut haben, ob Sascha das schon erzählt hat, die Katastrophe, und wer die bezahlen soll – auch mit dieser Frau sitzen wir hier, und sie kriegt ihren Tee gebracht.
Die Laube gehört nicht zu der Bauaktion in den neunziger Jahren, als Veranda und Küche entstanden. Sie ist älter und zwei mal zwei Meter groß, also quadratisch und das Dach pyramidenförmig.
Jeder Blick nach oben, in die Pyramide, erinnert Marina an ihren Vater.
Er hat das einfach sehr gut gebaut. Und sie denkt eben, in ihrer Laube sei es deswegen so besonders gemütlich, weil eine Pyramide über uns schwebt.
– Und überhaupt! Wie viel Mühe ihm das gemacht hat. Kein einziges Brett konnte man damals so einfach kaufen, alles nur irgendwie mühsam besorgen, gar keine Freiheit hatten wir, gar keine! Alles unter Kontrolle! Nichts konnten wir selber entscheiden!
Oh mein Gott, was für ein Leben!

Der ewige Mangel an Baumaterial. Im Osten Deutschlands war das genauso. Aber hier nun, in Russland, wo es ausreichend Bretter weiß Gott hätte geben können – warum nur, warum war es so?

– Weil es als spießig galt, sich um sich selber zu kümmern, erklärt mir Marina.
– Kleinbürgerlich!
Was denkst du denn, warum mein Urgroßvater meiner Großmutter als Witwe mit ihren vier Kindern dieses winzige Haus gekauft hat?
Dort gegenüber, da hat der Kolchosvorsitzende gewohnt, damals. Mit einem größeren Haus hätte es ihr passieren können, und sie wäre enteignet worden.
Nein, um den einzelnen Menschen sei es niemals gegangen. Nur um das Ganze, das Große.
– Aber heute trauert ihr dem hinterher, der Größe.
– Ich nicht, sagt Marina. Sollen sie alle für sich bleiben, die Republiken. Ich brauche sie nicht.

Am Tag, gegen Mittag, rumort es im Hause, Sascha ist aufgestanden. Soll Wasser holen, das macht er dann auch, einmal runter und hoch durchs Gebüsch, und schon ist er zurück, setzt sich an den Küchentisch, schaufelt schnell etwas in sich rein. Marina steht dann am Tisch und sieht zu, wie er isst.
Er aber redet mit vollem Mund auf sie ein:
– Baabuschka, sagt er schmachtend.
– Baaabuschka, dir kann's doch egal sein, wann ich nach Hause komme!
Sind Ferien!
– Und was war mit dem Unfall kürzlich?
– Ja, irgendein Freund, irgendeine Freundin, auf dem Gepäckständer, auf der Chaussee, ein Zusammenstoß, Mädchen am Bein verletzt, ja, Blut auch, sie alle zu einer Rettungsstelle, die wollen Geld, bevor sie das Mädchen behandeln, alle ratlos,

stehn rum auf der Straße, kommt ein Biker vorbei, nimmt das Mädchen mit, fährt wieder hin, zahlt das Geld und ist weg, und so weiter.
– Dreitausend Rubel!
– Biker?
– Ein russischer Biker!
Und weg ist auch Sascha auf seinem Motorrad. Man sieht ihn hier eigentlich nur von hinten, die breiten Schultern, den wiegenden Gang. Er ist so groß, als ob er sechzehn wäre, seine Freunde sind sämtlich älter als er.
– Er ist so stolz auf sie, sagt Marina

Drei Monate Sommerferien gibt es in Russland, drei Monate ist er bei ihr.

Am Morgen, im Schlafanzug, ganz in der Frühe, beim ersten Gang zum Holzklo bereits, besuche ich den Gemüsegarten. Dort bleibe ich stehen und weiß nicht, warum. Starre darauf. Da liegt er im grauen Morgenlicht, der ewige Gemüsegarten des Ostens.
So habe ich ihn in den Karpaten gesehen, in Masuren – die Kohlköpfe voller Tautropfen, die Zucchiniblätter genauso, das Kartoffelkraut liegt verwelkt auf den Reihen, die Blätter der Roten Rüben stehen immer gerade, die der Mohrrüben auch, die Schoten vertrocknet bereits, die Erdbeerpflanzen sind grau, abgeerntet – alles still.

Am Mittag, wenn Katja die Tochter bringt, läuft Marina der kleinen Dascha hinterher, hilft ihr auch mal die Stufen hoch zu den beiden neuen Zimmern, die separat zu betreten sind, vom

Garten aus. Kaum hat die Kleine die Stufen erklommen, läuft sie jubelnd von einer Holzwand zur anderen, klatscht drauf mit den Händen, ja tätschelt sie regelrecht, wie ein neues Auto, ein gutes Pferd.
– Sie freut sich, ruft dann Marina, sie freut sich!
Sie versteht alles, unsere Dascha!
– Was versteht sie denn? Dass das hier neu ist?
– Dass es für sie ist! Ihr eigenes Zimmer einmal!
Und während Marina das ausspricht, quietscht Daschenka unter uns nun so besonders laut, als ob sie wirklich versteht.
Zum Fluss gehen wir auch mit der Kleinen am Mittag, wo sie Steinchen sucht und nur die schönsten ins Wasser wirft, stampfend vor Freude.
– Sie versteht alles, begeistert sich wieder Marina, sie weiß, dass sie hier zu Hause ist!

Ebenso wie Dascha stehen wir dann mit den Füßen im flachen Wasser wie in einer Pfütze. Weiter hinten der Fluss, wo er tiefer ist, fließt er schnell und schiebt Wirbel vorbei, Strudel geradezu, die glucksend und schmatzend sich öffnen und schließen. Blau und grün ist hier alles, das Wasser, der Himmel, die Ufer, dazu indigoblau die Libellen, golden die Zöpfe der Wasserpflanzen – hier schwebt alles, fließt alles, lässt sich treiben. Es riecht nach lebendigem Wasser, nach Fisch, riecht nach Brennnesseln, nach nassem Sand. Wunderbar ist es am Fluss.

Abends wird Lena uns eine Schüssel voll Gurken bringen aus ihrem Gewächshaus, Zucchini, was wir nur wollen, wird sie uns bringen, weil sie so stolz ist darauf. Und in ihrer neu gebau-

ten Laube, auf der Doppelbettcouch, da haben sie diese Nacht auch geschlafen, weil sie endlich das Moskitonetz sich besorgt haben, das erzählt sie lachend, und ob wir zum Sonnenuntergang rüberkommen, und so weiter, und geht, sie ist barfuß – das ist der Sommer.
Wenn Lena geht, werden wir in Marinas Laube sitzen bleiben, und Marina wird Lena nachsehen und sagen, dass sie ein fleißiges Mädchen ist und ein Abendstudium sogar macht, sie wird Kindergärtnerin werden.

Im Deutschen kommt Laube von Laub. Weinlaub war das meistens, das man über Pavillons wachsen ließ. Hier heißt Laube *Bessedka*, das ist das Gespräch.

In der Laube werden wir dann aus der Ferne sehen, wie der Himmel rot und orange wird, dort drüben, und Marina wird erzählen, dass der ganze Boden bis dorthin zum Hang eigentlich ihr gehört hat. Boris jedoch, der Sohn ihrer Schwester, sei immer gerne gekommen zu ihr, erst allein, dann mit seiner Frau, und erst recht, als sie schließlich ein Kind bekamen.
In dem winzigen Haus sei es immer enger geworden für alle. Marina hätte nicht mehr gewusst, was sie machen sollte, und dann hätten sie sich zusammengesetzt, hier in der Laube, an diesem Tisch saßen sie, und sie hätte gesagt: Es ist besser für alle, wenn …
– … ihr euch trennt?
– … wenn sie ihr eigenes Haus bauen.
Sie hatte ihr Land geteilt.

– Ihr hättet zuerst einmal Angst bei so was, das stimmt doch, nicht wahr?
Natürlich, ich staunte, und das hat Marina erwartet, davon geht sie buchstäblich aus, dass in Deutschland niemand so handeln würde, das ärgert mich, aber wiederum, ein Gegenbeispiel fällt mir nicht ein.
– Und sie hatte das wirklich amtlich gemacht?
– Endgültig, ja. Mit Notar und Vertrag und Vermessung.
Das da vorne sei jetzt deren Grundstück, und es sei richtig gewesen. Sie habe nur Gutes davon. Zum Beispiel der Brunnen sei neu, das war schwer übrigens, ein Arbeiter wurde beinahe verschüttet im Sand, und von dem Brunnen nun wird sie sich auch fließendes Wasser abzweigen können, demnächst. Ganz zu schweigen von allen den Fahrten, wo Boris sie mitnimmt im Auto, sein Sohn kommt zu ihr, wenn Lena zu tun hat, sie schaut nach der Oma, und so weiter.

Ja, aber der Brunnen zum Beispiel, das kostet viel Geld, hat sie sich beteiligt?
So einfach ist das nicht, wie sie erzählt, ich weiß es genau, ein Baum kann schon lebenslang Ärger machen mit Nachbarn, ein Strauch!
– Bei euch! – sagt Marina, und meint wieder: In Deutschland.
– Bei uns ist es eben manchmal auch so, dass einer nur zahlt, was er zahlen kann.
– Weil ihr eine Familie seid?
– Weil wir leben wollen.

Das ist das Gute an einer *Bessedka*, sie steht in Russland, und Russen sagen bekanntlich die Wahrheit. Da kann ich auch sa-

gen, was ich denke, so abends beim Kerzenlicht in der Laube. Na also, sie soll die Russen nicht immerzu loben, so schlecht sind die Deutschen nun auch wieder nicht. Oder würden alle hier in den jetzt bereits dunklen Häusern ringsherum auch so einfach den Boden teilen, wenn Verwandte ihnen auf die Nerven gingen, war das eine russische Lösung etwa?
– Vielleicht.
Dieses russische Vielleicht. Was bedeutete es eigentlich?

Morgens steht Marina um sieben schon auf, geht runter zum Fluss und schwimmt eine Runde. Auch das erste Frühstück muss sie alleine haben, den ersten Kaffee mit Zigarette, und neuerdings sieht sie völlig verknautscht aus, wenn ich um neun ihre Küche betrete.
– Was war denn?
– Na, Sascha schon wieder.
Sie kann nicht schlafen, bevor er nicht da ist, gegen Mitternacht ruft sie ihn jedes Mal an, er sagt, dass er kommt, und das dauert dann immer noch eine Stunde, oder zwei.
Wenn wir frühstücken morgens, dann schläft Sascha noch.
– Warum setzt du ihm keine Frist?
– Eine Zeit, um die er zu Hause zu sein hat? Er kommt nicht.
– Er muss kommen.
– Nein, sagt Marina und beendet dieses Gespräch. Kocht uns Kaffee.

Übrigens dauert alles in der Küche hier immer sehr lange. Da ist zuerst das Wasserproblem, ob wir noch welches haben, dann die Propangasflamme – sie flackert sehr klein auf dem alten Kocher. Für einen elektrischen Wasserkocher sei die Leitung

zu schwach, hat Marina einmal gesagt, und es sei ja gerade das Schöne, dass hier alles so langsam geht.
– Das wirst du noch merken.

Kaum ist der Tisch in der Laube gedeckt, steht Lena davor.
– Sind Sie schon fertig mit Frühstück, Marina? Ich will mich beraten! Es ist ganz dringend!
Oh, ich platze vor Ungeduld, wenn Sie nicht bald fertig sind!
Lena hat ein Reklameblatt für Fertighäuser mitgebracht, zeigt das Haus, das für sie in Frage kommt, denn die beiden wollen für immer hier wohnen, ein festeres Haus bauen also, wird aber gleich wieder weggeschickt: Zu klein.
– Marina, wissen Sie, was ein Quadratmeter mehr kostet in der Breite von acht Metern?!
– Lena! Dein Leben lang wirst du dich ärgern, dass du am Platz gespart hast.
Wie wollt ihr da wohnen? Zu fünft!

In Moskau lebt Lena mit Mann, Kind und Schwiegermutter in deren Zwei-Zimmer-Wohnung. Vier Personen!
Auch hier ist es jemand aus der Elterngeneration, der als ehemals sowjetischer Mieter diesen Schatz besitzt – eine eigene Wohnung. Und obwohl Boris gut verdient, reicht das zum Mieten nicht aus und zum Kaufen schon gar nicht. Also haben die jungen Leute ihr Geld in das Gartenhäuschen gesteckt und wollen nun ein größeres bauen. Wenn dann beide Großmütter der Familie in das neue Haus mit einziehen würden, könnten deren Wohnungen beide vermietet werden, um den Kredit abzuzahlen – so ist es gedacht, und so kommt die fünf zustande, fünf Personen!

Lena hat das Bild von dem Haus gedreht und gewendet, soll ja auch noch Solarzellen kriegen aufs Dach, woher kommt die Sonne, woher kommt der Wind, und im Winter vor allem, …
– Aber nein, überleg es dir gut, sagt Marina, und eine Hand vor den Mund gepresst, zieht Lena ab.
– Da muss ich ernsthaft mit Boris reden.

Bei uns aber fährt das rote Auto zum Garten herein, Katja springt raus, drückt der Mutter die kleine Dascha in den Arm, muss nach Moskau heute. Sascha frühstückt und ist auch schon weg, aber wenn Katja zurückkommt, dann bleibt sie länger.
Sie pflückt sich ein paar Himbeeren, ein paar Kirschen, bleibt stehn im Gemüsegarten, ruft dann die Mutter und sagt, sie würde ihr Haus genau hierhin stellen, in diese Ecke, wo jetzt die Kartoffeln stehn.
Die versteht nicht. Warum? Welches Haus?
Nun, sie würden ein Haus bauen, ihr Mann und sie, und zwar hier in die Ecke, das hätten sie gestern beschlossen.
– Aha.
– Ja, Lena baut auch, und sie selbst käme ohnehin fast täglich her, so im Sommer, die Kinder sind hier, warum denn nun nicht?
– Die Kinder! Sascha ist heute erst früh um vier gekommen. Weißt du das schon?!
– Soll ich ihn mitnehmen?
Marina schweigt.
– Also nicht. Wie du willst. Und glaube mir bitte, wir haben das alles durchdacht.
Ein Haus mit Veranda und winterfest. Einverstanden?

Schon fährt das rote Auto raus auf die Straße, die kleine Dascha winkt am Fenster, die Tochter auch.

– Hier machen die Kinder wohl, was sie wollen?
– Ich verliere die Herrschaft niemals, sagt Marina und geht in ihr Zimmer. Schluss für heute.

In der Nacht kommt Sascha gar nicht nach Hause, er kommt früh um acht und diesmal kann ich doch etwas hören, Gebrüll eines Mannes:
– Waaas?
Was habe ich dir getan??!! Warum kannst du nicht schlafen?
Türen knallen. Stille.

– Hast du gehört, wie wir uns angeschrien haben? Stell dir vor, er hat mich belogen!
Sascha sei diesmal schon um Mitternacht wieder zu Hause gewesen, wie versprochen, aber dann heimlich gegangen. Sie hat es bemerkt, ihn telefonisch zurückbeordert, er kam – und dann wieder dasselbe.
– Unerhört, sage ich, gelogen? Er hat dich belogen?
Marina findet das eher komisch.
– Er ist klein. Er denkt, er kann uns in die Tasche stecken.
– Konsequent musst du sein, sage ich, einfach nur konsequent, aber sie geht in die Küche, ist todmüde, man sieht es, macht uns das Frühstück, der Gast muss warten, vorn in der Laube.

Und wieder der Morgen mit Quark und mit Beeren, aber diesmal, Marina, ist ernst.

– Jetzt will ich dir auch mal was sagen! Du sagst, ich soll strenger sein, gut – das geht. Und dann?

Wenn ich ihn einzwänge? Was wird dann aus ihm? Ein Mann, der gehorcht?

Na herrlich, na wunderbar, so soll er werden?

– Er soll Rücksicht nehmen. Auf dich zum Beispiel.

– Das wird er auch. Und das ist jetzt seine Schule, verstehst du?! Sie sind viele! Alles ist da! Er hat es gut! Und er muss spüren, was richtig ist.

Er selbst! So wird er stark. Frei. Ein richtiger Mann. Einer, dem das Leben gefällt, der es kennt, verstehst du?

Was machen sie schon? Sie sitzen am Feuer, reden, singen, spielen Gitarre. Klar wird dort alles mögliche passieren, logisch, aber jetzt ist der richtige Zeitpunkt; jetzt ist er vierzehn, fünfzehn, er ist offen, sympathisch, und meine Aufgabe ist es zu wissen. Das genügt.

Ich sehe ihn an, wenn er kommt. Ich weiß.

Er weiß.

Ich rufe ihn an: Wo bist du? Er sagt es. Das ist das Wichtige. Ich bin da. Ich glaube ihm. Ich spüre es, wenn er lügt. Er vertraut mir.

Wen hat er denn sonst? Die Mutter ist beschäftigt mit Dascha, der Vater ist tot, der neue Vater – wer kennt ihn schon?

Aber das hier wird seine Gegend sein, sein Ort, denn es muss doch, es muss doch –, so ruft sie es wütend plötzlich über den ganzen Tisch – es muss einen Ort geben, wo du ganz du selbst bist!

Und dann zeigt sie auf die Bäume ringsherum, und wo diese

Hängematte befestigt war, in der früher einmal der kleine Sascha geschlafen hätte, wenn er bei ihr war, und wie ihn von Anfang an alle Nachbarn geliebt hätten, alle!
– Und sie lieben ihn immer noch.

Das war das Schlusswort, von nun an war Marina wieder die Alte, schluckte ein Dragee für die Augen und zündete sich eine Zigarette an:
– Du bist zu ungeduldig, Irina. Alles geht langsam. Warte nur. Wenn etwas nicht gleich gelingt, dann ist die Zeit wahrscheinlich noch nicht gekommen.
Übrigens sei sie selbst ganz genauso aufgewachsen wie Sascha, am Fluss und am Feuer und morgens – natürlich erst morgens! – nach Hause gekommen.
– Unser Winter ist lang.

Nach so vielen Worten drückt Marina ihre Zigarette aus und verkündet, dass wir nun für zwei Tage nach Moskau zurückfahren würden, denn Sascha müsste ja doch eine Lehre erteilt werden, und sowieso würde das Wetter schlechter. Regen sei angesagt.
Schon zückt sie das Handy, und eine Stunde später fährt das rote Auto zum Garten herein, Dascha winkend am Fenster muss diesmal drin sitzen bleiben, Katja packt Saschas Sachen zusammen, der nimmt Platz neben seiner Schwester, wir steigen ein, und schon fahren wir alle zurück in die Stadt.

Marinas Wohnung parterre in dem Neubaublock kommt mir älter vor, ärmer seit meinem letzten Besuch. Ihr Interesse gilt offenbar mehr dem Sommerhaus draußen, und außerdem ist die Wohnung dunkel im Sommer.

Das erinnert mich an meine eigene Wohnung der siebziger Jahre, meine dunklen Möbel, und alles vollgestellt, vollgestopft regelrecht mit Zeitschriften, Büchern, Strohblumensträußen und Andenken auch, diese andere Zeit, als ob ich sie wieder betreten habe.

Es passt dazu, dass Marina fast nur noch am Telefon sitzt erst mal, alle anrufen will, die sie immer sonst anruft, wenn sie wieder zu Hause angekommen ist, und Tee trinkt dabei und lacht.

– Stell dir vor, jetzt will Katja auch ein Haus bei mir bauen!

Ich sehe fern. Hat sich manches geändert, seit ich nicht mehr hier war, die Fernsehreklame ist leiser geworden, eine Ballerina verwandelt sich tanzend in eine Radscheibe, dann wird ein glänzendes Auto daraus, ein Dirigent zaubert mit seinem Orchester ebenfalls glänzende Autos hervor, dazwischen ein slawisches Festival, wir sollen uns Karten kaufen, dann die Nachrichten.

Auf der Krim das Unglück, das wussten wir schon, die Flutkatastrophe spät in der Nacht, als eine ganze Kleinstadt im Wasser versank. Gerade ist der Präsident Putin hingefahren, steht irgendwo unter Bäumen zwischen Frauen in Sommerkleidern und alle reden sie auf den Mann ein, er nickt, er hört zu, alle werden bestraft werden, die das Unglück verschuldet haben, und sie hier bekommen alles zurück, was sie verloren haben, neue Häuser auch, und überhaupt, es wird ja geholfen.

– Man hätte die Menschen rechtzeitig warnen können, aber nichts ist geschehen! Die einfachen Leute haben einander geholfen, gerettet sogar, sonst niemand!
Das ruft Marina beim Telefonieren mir zu, mit einem Auge ist sie auch am Bildschirm, und schaltet ihn ab, wenn sie keinen mehr weiß, den sie anrufen könnte. Wir verlassen das Zimmer, wir rauchen und trinken Kaffee in der Küche, der winzigen Küche parterre.

Zwei Stühle stehen hier vor dem kleinen Tisch, ich setz mich auf einen davon und rauche, ich seh auf den Hof und die Bänke, die hier vor dem Hauseingang stehen. Es regnet.
Wenn es nicht mehr regnet, werden dort wieder Frauen sitzen, mit schweren Einkaufstaschen, und sich unterhalten. Frauen, die hier in dem Hause wohnen, Handwerker setzen sich auch mal hin oder Schuljungen oder kleine Mädchen. Man kann zusehen, wie sich das immer neu sortiert, den Tag über, und wenn man will, kann man hören, worüber sie reden, aber wer will das schon?

Marina sieht wohl, dass mir ihre Küche gefällt, ja – zwei mal zwei Meter sind es im Quadrat, wie die Laube, nicht wahr, und es könnte ja sein, und das wär hier inzwischen längst eine alte und hässliche Wohnung, aber für sie wird es immer die schönste bleiben, denn weißt du …

Und während es regnet, da draußen, erzählt sie mir von ihrem Leben vor dieser Wohnung, als sie ihre große Liebe getroffen hatte, ihren Mann, und zu ihm zog, aber dort wohnte auch die Schwiegermutter, die gegen sie eingestellt war.

Und was Marina auch tat, um der zu gefallen, es nutzte nichts, noch als sie schon ihre Kinder hatte, zwei Kinder, da war diese Frau gegen sie und ihr Mann schließlich auch, denn der brachte dann irgendwann eine andere Frau mit. Da teilte die Schwiegermutter einfach das Haus, und Marina, die gar nicht wußte, wohin, blieb wohnen, bis der Direktor ihres Betriebes sie eines Tages zu sich bestellte und sagte, der Betrieb hätte ein Kontingent Wohnungen neuerdings zu verteilen und ob sie sich eine anschauen wollte.

– Ich bin hier durch die Zimmer gegangen, wie durch einen Traum. Ich sagte ja, und er sagte ja, und sofort bekam ich den Einweisungsschein und den Mietvertrag auch noch dazu.

Noch am gleichen Tag sei der Mann ihrer Schwester mit einem Auto gekommen, einem Lastwagen, logisch, was denn auch sonst in den Zeiten damals, und alle zusammen hätten sie alles aufgeladen, was sie besaßen, die Möbel und das Klavier und den Hund, und eine Stunde später wären sie hier gewesen.

– So schnell, nur ein Nachmittag, und plötzlich stand alles hier vor der Tür – die Kinder, die Schränke, Klavier und der Hund! Alles hier vor dem Haus, stell dir vor!

Wir sehen zum Fenster raus auf die bewusste Stelle. Dort tropft der Regen in Pfützen.

– Und weißt du, als wir durch den Wald gingen kürzlich, du sagtest »ein Wunder«, als wir wieder vor dem Haus meiner Großmutter standen. Und weißt du, was wirklich ein Wunder ist?

Diese Wohnung hier! Sie ist mein erstes, eigenes Zuhause und das wird sie immer bleiben.

In Marinas Vorstadt ist viel gebaut worden, seit ich nicht hier war, und auch sonst hat sich manches verändert. Wenn der Regen aufhört, kann ich es sehen, zum Beispiel die Autos.
– Sie halten vor dir, wenn du auf der Fahrbahn bist!
Ich staune. Ein Sieg der Humanität. Bei uns wird sie grade verspielt, und zwar auf den Bürgersteigen, wo Radfahrer schutzlose Menschen bedrohen. Das gibt es hier nicht, und die ruhigen Bürgersteige unter Bäumen sind breit wie kleine Alleen, und alle Menschen auf diesen Bürgersteigen gehen zu Fuß und das heißt, sie bewegen sich langsam.
Vielleicht wäre es mir gar nicht aufgefallen, aber Marina stößt sich daran, wie die jungen Männer sich neuerdings kleiden, ich soll mal drauf achten – in Trainingshosen laufen manche herum, in Sportnickis, und dann die Badelatschen, also es ist ihr unangenehm, dass viele es sich so bequem machen.
Die Alten, die tragen noch Anzug und Oberhemd, aber die da – na gut, es ist Sommer, dann soll es so sein.

In dem großen Park auf der anderen Straßenseite stehen neuerdings Pavillons mit kleinen Cafés, Walzermusik tönt heraus. Neue Spielplätze gibt es, mit Märchenfiguren, es hat sich verbessert, so meine ich, aber Marinas Echo bleibt aus.
Wenn wir vor einer der Märchenfiguren stehen bleiben, und das ist der Frosch mit der goldenen Krone, sagt sie, dass unser deutsches Märchen vom Froschkönig wirklich nicht schön sei. Im russischen Märchen sei alles ganz anders. Auf Russisch sei »Frosch« ein weibliches Wort, der Frosch also eine Frau, und um das Küssen ginge es gar nicht.
– Nein, der Prinz ekelt sich gar nicht vor ihr. Das wäre ja furchtbar! Da bin ich betrübt.

Später vergleiche ich beide Märchen, und es stellt sich heraus, dass bei uns im Deutschen der Ekel der Jungfrau vor dem aufdringlichen Mann das Thema ist, im Russischen aber die Bewunderung für die Frau, die eine Zauberin ist und auch die schwersten Aufgaben lösen kann. Das war gar nicht schlecht getroffen, aber an dem Nachmittag dort war ich überrascht, dass sich sogar in den alten Geschichten unter ähnlichen Überschriften ganz verschiedene Dinge verbergen können.

Am Rande des Parks sind Häuser entstanden, Neubauten, und die sind wirklich neu, nicht zu vergleichen mit solchen alten Neubauten, in denen Marina wohnte. Wahre Hochhauswände zogen sich hin vor dem großen Park, schwungvoll waren sie auch und sogar elegant, jede Wohnung hier war zu verkaufen. Schon die ganze Wolokolamsker Chaussee entlang, von der Datscha bis zu Marinas Vorstadt, war es genauso gewesen: Baustellen, Baustellen, Baustellen. Boom.

Wer Geld hat, kann endlich die Traumwohnung haben, wer keines hat, baut an der Datscha herum.

Am Bahnhof wiederum, die alten Buden standen da wie zuvor, der Platz in der Mitte jedoch, wo die Busse parkten, der war nun gestaltet als Blumenrondell, mit einer Standuhr genau in der Mitte.

– Es ist besser geworden bei euch, sage ich und finde in einer der Buden sogar eine Kaffeerösterei, die verkaufen auch frische Tortenstücke – es wird besser, so wiederhole ich mich, und Marina sagt nichts dazu, doch, etwas hat sie gesagt:

– Bring mir Geld!

Ja, wir sind uns nicht immer einig, wir beide, und noch schlimmer wird es am Abend.
Da sehen wir fern und zuerst wieder Nachrichten, wieder der Präsident Putin in Krimsk, außerdem Kriegsschiffe im Mittelmeer, Schießereien in Syrien, Waldbrände in Sibirien, die Stadt Tomsk ist eingeschlossen vom Feuer, die Brände breiten sich aus, es folgt ein Film über Darwin.
Gegen Darwin ein Film, so müsste es heißen, wo der Mann auch als Hirnkranker mal beschimpft wird, und das alles ist ernst gemeint.
Hier wird Darwins Lehre bezweifelt? Ich wundere mich.
Marina dagegen wundert sich eher darüber, dass ich immer noch glaube, was die Kommunisten einmal behauptet hätten, dass also der Mensch so etwas wie ein höher entwickelter Affe ist?
Und ob es nun Gott sei als Schöpfer, ach, es gäbe so manche Ideen darüber! Von Arkaim sprach sie nun, Nibiru und den Hyperboräern, von geheimnisvollen Flugbahnen war die Rede, von denen man neuerdings wüsste, von Landeplätzen, ach – so interessant sei die Welt!
Meine Mutter fiel mir ein, ihre Begeisterung für alles, was neu war und wissenschaftlich.
Bis zum Tode hatte sie Zeitschriften über Geografie und Geschichte abonniert und auch alles gelesen, was drinstand. Oft sagte sie es, wie sehr sie uns, ihre Kinder, beneidet um das, was sie nicht mehr erfahren wird.
Ich hatte es für eine Eigenschaft ihrer Generation gehalten, diese Freude am Lernen damals nach der Revolution, und sie hatte das immer bestätigt:
– Wir haben uns für alles interessiert.

Marina zeigte genau den gleichen Enthusiasmus für neueste Forschungsergebnisse, aber für welche, und woher holte sie die?

Etwas Wesentliches schien mir auseinanderzurutschen zwischen uns, etwas, was uns beide verbindet, verbunden hat, gestern noch – heute nicht mehr?

Ich begann zu streiten. Hier werde wohl alles umgestülpt?

Gestern noch Darwin ein großer Gelehrter, heute ein hirnkranker Mensch, gestern Peter der Große Erneuerer Russlands, heute ein ausgetauschter Kretin?!

Alles verwerfen, was vorher gelehrt wurde, fertig – so leicht sei es jetzt, hier in Russland Geschichte zu schreiben?

Marina hörte zum ersten Mal, was da über Peter verbreitet wird, und entrüstete sich.

Wen hätte man denn gegen ihn eintauschen sollen?

So ein Genie wie Peter sei einmalig gewesen zu seiner Zeit. Vierzehn Berufe hätte er gelernt, unzählige Reformen auch eingeleitet, wer, bitte, wer hätte das sonst machen sollen?

– Lächerlich!

Genauso lächerlich wie diese Wut gegen Darwin, entgegnete ich.

– In allem haben die Kommunisten euch nicht belogen, aber ihr wollt um tausend Jahre zurückfallen, ja?

Die tausend Jahre hatte ich wohl übertrieben, aber ein starker Satz war es doch.

Als wieder ein Film gegen Darwin lief, und das dauerte gar nicht lange, es war am folgenden Abend schon, sagte Marina:

– Da siehst du, was sie uns zeigen, und schaltete ab.

Am Morgen die Innenstadt, übliche Runde, ob alles noch da ist, war alles noch da.
Die Metro noch da --- Verehrte Fahrgäste! Machen Sie Plätze frei für Behinderte, alte Leute und hilflose Personen! --- Achtung! --- Die Türen schließen selbstständig! --- Die nächste Haltestelle ist die Station TWERSKAJA --- Twerskaja noch da, grau jetzt im strömenden Regen, aber das macht nichts, grandios ist sie trotzdem, einfach hinreißend ist sie im Regen sogar, auch diese Buchhandlung gibt es noch, die bis Mitternacht täglich geöffnet ist, und drinnen – ich will es nur einmal versuchen, ob eine von diesen jungen Verkäuferinnen es wissen könnte, es gab vor ewigen Zeiten ein Kinderbuch von Majakowski, und darin die Zeilen: »Ja, das ist gut und nein, das ist schlecht«, hat sie davon schon mal was gehört?
Nur ein Kopfschütteln ist da die Antwort, und schon liegt es in meinen Händen, was einmal ein altes, verbogenes Heftchen war, jetzt als zellophanierte Prachtausgabe: »Kommt zum Vater mal sein Söhnchen und da hat es eine Frage«, und so weiter – auch das GUM ist noch da, voller Brautpaare diesmal, die sich fotografieren lassen. Es ist jedes Mal die ganz große Robe, das weiße Ballkleid, der nackte Rücken vor den lichtdurchfluteten Treppenaufgängen, den Marmorwänden, den Silberspiegeln. Das Mausoleum von Lenin jedoch ist verschwunden, ist diesmal verdeckt von kaschierenden Wänden, die sind rot wie die Kremlmauern dahinter.

Kremlrot, Backsteinrot, Pflasterrot – was nutzt es, die Mauern und Türme von weitem zu sehen, die Tore, da laufen wir durch jetzt und laufen auch rein, und stehen schließlich in Moskau ganz oben und hinter der Wand, der gezackten.

Gehen wir zur Mauer, sehen wir unten den Fluss, die Straßen, die Autos, die Menschen. Drehen wir uns aber nach innen, dann sehn wir die Kirchen, die Moskauer Kathedralen.
Eine zum Taufen der Zaren, eine für ihre Krönung und eine zum Sterben.
In der Mitte ein Platz, nicht sehr groß, nein, recht klein eigentlich, wie ein Fleck, heller Fleck, und der leuchtet im Sonnenlicht, denn die Sonne scheint wieder, und der Boden dort zwischen den Kirchen sieht aus wie ein heller Teller, ein flacher.
Die Mitte.
Dieser Fleck ist die Mitte von allem.

Marina ist stolz hier oben, man sieht es, sie kennt das alles, und alles gefällt ihr.

– Weißt du eigentlich, dass Moskau nicht immer unsere Hauptstadt war?
– Nein, weiß ich nicht.
– Und weißt du, dass italienische Baumeister geholt wurden, um den Kreml zu bauen?
– Nein, weiß ich nicht.
– Und dass in der Hauskirche der Zaren hier oben griechische Philosophen an die Wände gemalt sind, Sophokles, Aristoteles, Platon, Plutarch – als ob sie Heilige wären, weißt du das?
Nichts davon.

Sie führt mich durch alle die Kirchen hindurch, zeigt nur manchmal auf eine besonders berühmte der goldenen Ikonen, dicht hängt eine neben der anderen, bis mir selber auch etwas

auffällt – eine leere Wand. Es sind dunkle Pinselstriche darauf zu erkennen, finstre Figuren, riesig, fast schwarz!
– Was ist das denn?
– Das Jüngste Gericht.
Denn es sei doch die Westwand.
Was hatte das Jüngste Gericht mit dem Westen zu tun?
Nun, es sei ursprünglich immer auf die Westwand gemalt worden.
Als wir weitergehen, kommen wir an Fresken von Engeln vorbei, menschengroß und mit roten Flügeln.
Ebenerdig stehen die Engelsbilder jedem Betrachter direkt gegenüber, und je länger ich sie anstarre, umso mehr scheinen ihre großen Flügel hinter dem Glas zu flimmern, ja zu vibrieren.
Marina währenddessen spricht von der russischen Avantgarde – diese Formen! Die Farben! Von hier hätten sie es alle genommen, das Abstrakte und auch das Rot.
– Siehst du das Rot?!

Ein unbeschreibliches Rot war das. Es hielt mich fest, hinderte mich am Weitergehen und mehrmals lief ich zu ihnen zurück, zu den großen Flügeln.
Das Rot!
Kann es sein, und sie hatten es wirklich von hier genommen, die Umstürzler, die Avantgardisten, ihr Rot? Ihre flatternden Fahnen?
Denn das da, das waren ja Kraftfelder regelrecht, göttliche, reine Verbindungsstücke, die direkt in das Herz einem fuhren. Aggregate, rote Flügel, unerlaubter Flug.

Wir verlassen den Kreml und gelangen zu einem Platz, wo hinter imperialen Gittern ein Gedenkstein für den unbekannten Soldaten des letzten Krieges gut sichtbar aufgestellt ist, daneben polierte Quader aus Stein, die an die Städte erinnern sollen, die sich im Krieg nicht ergeben haben – Sewastopol, Leningrad, Kertsch und viele andere.
Davor sitzen wir dann, denn es ist auch ein Park.
Brautpaare kommen zur Pforte herein, legen Blumen auf den Gedenkstein oder vor die polierten Quader.
Da bekommen sie ihre Blumen, der unbekannte Soldat, die Städte, die sich nicht ergeben haben, und liegen doch inzwischen in anderen Ländern oder haben andere Namen bekommen. Den jungen Brautpaaren macht das nichts aus und wir sehen ihnen zu, wie sie kurz sich verbeugen und still stehen, eine Minute.

Wie wir da unter dem Kremlberg sitzen, zeigt Marina auf ein hohes Gebäude, das sollte ich mal genau betrachten. Die rechte Seite sei anders gestaltet als die linke.
– Da haben zwei Entwürfe nebeneinandergelegen, einen davon sollte Stalin auswählen, aber er hat über beide hinweg unterschrieben, und niemand hat später gewagt ihm zu sagen, dass es zwei unterschiedliche Entwürfe waren, und vor Angst haben sie es genauso gebaut, wie er's unterschrieben hat.
– Wirklich?
– So wird es erzählt.
Eisverkäufer laufen vorbei. Wir kaufen uns Eis und sehen weiter den Brautpaaren zu, die immer mal wieder den Park betreten. Es ist ein russisches Heiligtum hier, und es ist ein Park, und da sitzen wir.

– War dein Vater auch im Krieg?
– Mein Großvater, sagt Marina. Als Soldat. Er ist bis Berlin gekommen. Er hat eine Uhr mitgebracht.
– Eine Armbanduhr? Aus Berlin?!
– Bitte! Ich bitte dich! Eine Uhr! Eine einzige! Was willst du? Vier Jahre! Vier Jahre Krieg. Er hat dafür Holz gekauft. Daraus hat er ein Haus gebaut. Unser Haus.
– Das Haus, in dem du geboren bist?
– Ja.
– Stimmt es, dass die Soldaten nicht einen Tag Urlaub hatten?
– Ja. Du kennst doch den Film »Ballade vom Soldaten«, oder nicht? Na dann weißt du es doch. Im Film hat der Soldat eine Woche Urlaub bekommen als Auszeichnung, und er fährt nach Hause zur Mutter, aber weil Krieg ist, überall Chaos, braucht er vier Tage und als er ankommt, hat er nur Zeit, die Mutter zu umarmen und zu sagen: Ich muss zurück!
So war es wirklich.
– Und sie haben täglich Wodka bekommen?
– Ja. Jeder hat jeden Tag hundert Gramm Wodka bekommen. Wie hätten sie es sonst aushalten sollen, in dem Frost, bei dem Hunger, sie haben auf der Erde geschlafen, im Stehen haben sie geschlafen, als junge Männer sind sie losgegangen, als Krüppel wiedergekommen.
– Darf ich das schreiben, mit der Uhr?
Sie nickt.

*

In der Wohnung erwartet uns wieder das Fernsehen, die Brände, die Trockenheit auch, und ein neues Gesetz ist beschlossen worden. Falsche Behauptungen in der Öffentlichkeit werden streng bestraft ab August, das Internet wird überwacht werden wegen Kinderpornografie, und in Moskau hat ein Prozess begonnen gegen drei junge Frauen, die vor dem Domaltar ihre Beine hochwarfen und riefen, dass der Präsident abdanken soll. In voller Länge wird ein Video davon auch vorgeführt. Es stehen sieben Jahre Lagererziehung darauf.
– Oi, stöhnt Marina, sie blamieren uns wieder mal vor der ganzen Welt. Sieben Jahre Lager! Paar Wochen Sozialarbeit hätten genügt.

Noch am folgenden Tage, zurück in der Datscha, in der Laube zurück, reden wir drüber. Denn es ist früher dunkel geworden als sonst, schneller auch, es wird Herbst.
Bald werden alle Datschenbewohner hier ringsherum zurückfahren nach Moskau, und dann?
– Wirst du auch demonstrieren, Marina?
– Nein.
Es gab Demonstrationen, im Herbst und im Winter, im Frühling sogar, wir haben neu abgestimmt, und?
Es sitzen wieder die Üblichen oben.

Marina ist wortkarg zu diesem Thema, sie liebt die Gespräche über Politik nicht.
– Zu viel Negatives.
Wir sollen uns an das Gute halten, nichts weiter.
Auch du, Irina, bist viel zu sehr mit solchen schlechten Sachen beschäftigt, regst dich auf, ihr alle in Deutschland, wozu?

Eine Handvoll Leute hätte sich alle Reichtümer Russlands genommen, und nun lebten sie so, und?
– Es wird nicht viel Gutes dabei herauskommen, sagt sie und erhebt sich auf einmal, will jetzt zu Bett.

Auch ich gehe zu Bett, gehe in meine uralte Dunkelheit, in mein vollkommen stilles und hölzernes Zimmer. Neben meinem Kissen und auf den Fußbodenbohlen liegen Journale, in denen ich seit Tagen lese und kann nicht mehr aufhören damit. Und weil es so ist, sollte ich es ja wissen, wie töricht sie sind, meine Fragen.
Es war doch alles schon einmal gewesen. Mehr als das, viel mehr als das war gewesen, täglich lese ich es und kann es nicht glauben.

Denn vor zehn Tagen vielleicht, da hatte Marina ein Schränkchen geöffnet, das vollgestopft war mit Heften einer Literaturzeitschrift, *JUNOST*, sie hatte sie alle aufgehoben – die Jahrgänge vom Ende der Sowjetunion.
– Damals haben wir alle gelesen, du kannst dir nicht vorstellen, wie viel wir gelesen haben! Diese Begeisterung! Was da geschrieben wurde auf einmal! Es war wie eine große, zweite Universität.

Zwanzig Jahre waren seitdem vergangen, ich wusste so vieles inzwischen von der Sowjetmacht, hier aber, in der alten Hütte, da las ich es neu und ich las es auch anders.
So also wurden die von den britischen Alliierten internierten sowjetischen Soldaten 1945 in die Sowjetunion zurückgeschickt – mit von eigener Hand halb zerschnittener Kehle noch,

weinend und rufend, dass sie doch in Britannien bleiben wollen? So halb bewusstlos stolperten die verlumpten, verhungerten Bauernfamilien durch die Städte der Sowjetunion, so viele Jahre lang, ohne Geld und Ausweispapiere, ohne Brot, und jeder konnte es sehen?
Von hier waren sie doch alle einmal gekommen, aus solchen Hütten, von solchen Flüssen, von solchen Gemüsegärten am Morgen!

Zwei Zimmer waren das einmal gewesen, da hing die Ikone und dort stand der Ofen, das hatte Marina mir alles gezeigt, so lebte die Großmutter hier, die ihr Leben lang Briefe austrug, eine Briefträgerin, und auch sie war dabei, diese Briefträgerin, bei den Stimmen, die aus jedem Heft mir entgegenschlugen, grell und heftig beinahe wie Stromstöße und mit gar nichts vergleichbar, außer den roten Flügeln vielleicht, die ich grade gesehen hatte. Wenn man nur wüsste, was sie zu bedeuten hatten.

Es war wie im Mai damals in meiner kleinen Wohnung in Moskau, diese Entdeckung, die Bibliothek, aber dort waren es Bücher, man schreibt lange an einem Buch und alleine, die Artikel aber, die kamen aus der Hitze eines Gefechts, und übrigens nicht nur aus Hütten, die kamen inzwischen ja auch aus den Neubauten, den vielen Neubauten, die damals noch neu waren, aus den kleinen, den winzigen Küchen da kamen sie, unerhörte Stimmen, klare Stimmen auf jeden Fall, ehrliche Stimmen. Von keinem Mediengefasel verbogene Stimmen, und das wird es ja nie wieder geben: Personen, Personen – es ging hier um was!

»... Diese Notizen schreibe ich im Laufen sozusagen, wo hinter jedem Wort noch lebendige, menschliche Stimmen zu hören sind ... Woran erinnere ich mich vor allem? – Zuerst einmal an das riesige Interesse des Publikums für die Kandidaten der neuen Sowjets. Es waren zwei ... Ich erinnere mich an deren verwirrte Gesichter dort oben und an Studenten, die riefen: Wer seid ihr überhaupt, wer hat euch aufgestellt, wir kennen euch nicht! ... Und ich erinnere mich an die Busfahrer, die draußen auf ihren Feierabend warteten, mit ihren leeren Bussen, aber nichts da, es kam niemand raus aus dem Saal, und das war nur eine der aufregenden Nächte im großen Autowerk von Togliatti ...«
Das war 1990, die Wahlen zum Kongress der Volksdeputierten, als die Russen ihr Parlament zum ersten Mal frei und direkt gewählt haben. 6705 Kandidaten bewarben sich um 1029 Sitze.

Und auch die Zweifel finde ich in den Heften, ob die Gewählten denn nun die richtigen sind, die Rufe, nun endlich nach siebzig Jahren die Losung zu erfüllen: »Alle Macht den Räten!«, und die Rufe dagegen: »Auf gar keinen Fall! Nie wieder eine Herrschaft der Armen!«

»Fort mit dem Kommunismus!«, so hieß es auch, weil der kein Mitleid erlaubt hat, kein Mitgefühl, und wiederum, kaum zu glauben – der Traum von den Kollektiven war gar nicht ausgeträumt in dieser Zeit! Ganz im Gegenteil, es bilden sich überall im Lande Genossenschaften, die bereits produzieren, gut produzieren sogar und mit guter Laune, ohne Planwirtschaft, der Gewinn wird geteilt. Aber schon ist die Warnung zu lesen, es sei wie damals am Ende der Leibeigenschaft 1861. Man

gab den leibeigenen Bauern die Freiheit, aber nicht den Boden. Man bräuchte nun dringend neue Gesetze dafür!
Fortlaufend aber schwimmen hoch die verschwiegenen Bücher, verschwiegenen Menschen, und werden mehr, immer mehr, immer mehr.

Ich las. Das war ein Gefühl, als ob Pappfiguren rund werden plötzlich und um sie herum eine Landschaft erkennbar wird, und ihre Füße, das wurden echte und dicke Füße auf einmal und steckten in echten Schuhen, neben denen standen andere Füße in anderen Schuhen, andere Menschen, und die murmelten etwas, die sprachen sogar, ja wer waren die denn?
Also darum war dieses Land, die Sowjetunion, uns immer so flach erschienen, flach wie gemalt, schlecht gemalt, ja natürlich – weil etwas fehlte!
Weil alles fehlte, was lebendige Räume bevölkert.

Ich las. Jeder Beitrag war so geschrieben, als ob es endlich galt, vollkommen ehrlich zu sein, und das alles in kleiner Schriftgröße, langen Artikeln, das alleine schon machte mich sprachlos – die Leser!
Was für Leser mussten das gewesen sein, denen man Texte von solcher Länge, von solcher Gedankentiefe überhaupt zumuten konnte?
Welch unerhörter Aufschwung des Geistes, und das in Europa, zu Beginn der neunziger Jahre, welche Höhe einer Kultur!
Und von dieser Höhe aus wiederum – welche Niedrigkeiten wurden hier offenbart!
Und dann – wo blieben die Konsequenzen?

Parallel dazu lief der Abbau.
Erst der Putsch gegen Gorbatschow im August 1991. Boris Jelzin als Retter der Freiheitsbewegung verkündet den unabhängigen russischen Staat, Russland verlässt die Sowjetunion und vollendete so ihren Zerfall. *JUNOST* beginnt eine neue Serie: »Die Russische Expedition«.
– »… Mit Hilfe des bolschewistischen Messers sollte der russische Baum mit den Ideen des Westens veredelt werden, aber statt der erhofften Annäherung an Europa hat das zu einer Entfernung geführt, zu einem Schub in Richtung des totalitären Ostens. Und nun steht das erschütterte Land vor der Wahl: Wohin gehen? …«
Es strömen von jetzt an die Fürstenschicksale in die Hefte, die Heiligenbilder, die Priester und ihre Gebete, die alten Bräuche – alles Fundstücke bei der Suche nach Russland, denn offenbar ist die Frage nicht mehr: Was tun?
Die Frage ist offenbar nur noch: Wer sind wir, wir Russen?

Und während »Die Russische Expedition« Stück für Stück ein Puzzle des verlorenen alten Russland zusammensetzt, lässt Jelzin als russischer Präsident sich Ende 1991 vom Parlament, und das heißt immer noch Volksdeputiertenkongress und wird vom Obersten Sowjet vertreten, alle Vollmachten ausstellen für einen klaren Kurs auf den freien Markt. Die Preise werden dem Wettbewerb überlassen, die Betriebe auch, bald können sie keine Gehälter mehr zahlen, Menschen hungern und verstehen nicht, was geschieht, ein Jahr später verlangt das Parlament das Ende solcher Politik, es wirft Jelzin vor, gegen die Verfassung zu verstoßen und alle Macht an sich zu ziehen, der will eine neue Verfassung und löst schließlich das Parlament auf, das setzt

Jelzin ab, der lässt den Ausnahmezustand verkünden, beide Seiten werfen sich öffentlich Umsturzversuche vor und rufen um Hilfe.
Was nun beginnt, ist ein Straßenkampf mit den meisten Toten in Moskau seit der Oktoberrevolution 1917 und ein Panzerangriff auf das Parlament. Am 4. Oktober 1993 werden die letzten Abgeordneten aus dem Parlament herausgeführt und verhaftet, Menschen gejagt und erschossen. Es ist das exakte Datum vom Ende der Sowjets. Der rote Flug ist beendet.

Aber auch die Verlierer hatten keine Idee dafür, wie es weitergehen sollte in Russland.

Als ich Marina nach ihrer Erinnerung an diese Tage frage, sehe ich sie zum ersten Mal ratlos.
Sie erzählt von dem Chaos damals, der Geldentwertung, von Betrieben, die keine Gehälter mehr zahlten, und doch ist es wie damals im Winter bei Swetlana – Verwirrung.
Und sie kann nicht erklären, warum.

Marinas Zeitschriftensammlung endet bereits im Juni 1993. Das Juniheft ist dünn und auf grauem Papier gedruckt. Ein Aufruf darin: »Wir sind Zeugen davon, wie nicht nur Staaten, sondern auch das Bewußtsein unserer Gesellschaft zerbrachen … die Inflation uns alle Mittel raubt, … und doch wollen wir an den alten Werten einer Kultur für alle festhalten. Wir bitten Sie, unsere Leser zu bleiben, … auch wenn alles teurer wird, wir wollen nicht um den Geldsack herumtanzen, lesen Sie uns! …«

– Ist *JUNOST* eingestellt worden?
Marina denkt nach, sie weiß nicht, ob es die Zeitschrift heute noch gibt.
– Aber wenn, sagt sie dann, wenn, und ruft böse auf einmal: Es würde niemanden mehr interessieren, verstehst du? Nie-man-den!!
– Es macht dich wütend?
– Kein bisschen. Du kannst alles haben. Ich freue mich, dass ich dir helfen kann.
Sie schenkte mir alle Hefte, und ich nahm sie mit nach Berlin.

Es hatte ihr damals gefallen, mir dieses Geschenk zu machen, aber sofort setzt sie dann auch Suppe auf, serviert Sascha das späte Frühstück und geht hinüber in das Haus auf dem Hang, um nach Nastasja Petrowna zu sehen. Lenas Schwiegermutter ist allein geblieben für einige Tage, die Kinder verreist.

An den Abenden gibt es Spaziergänge für uns beide. Dann kommt Lisa und will uns nachlaufen zum Wasserholen an der Quelle, humpelnd und keuchend, die arme Lisa.
Je öfter wir abends durchs Dorf gehen, umso vertrauter werden sie mir, die stillen Wege, die alten Hütten. Dann wird mir klar, wie glatt doch in den vergangenen Jahren alle Flächen um mich herum geworden sind, wie spiegelnd und grade die ganze Welt, in der ich dort lebte – Berlin.
Der rechte Winkel ist nicht der rechte, denke ich dann, und ob ich das endlich mal loswerden könnte, diese Gedanken, dass alles viel ordentlicher sein müsste, als es hier ist, wenn ich länger hierbliebe, hier liefe, hier schliefe zwischen alldem Krummen und Schiefen, und ob ich dann einfach ein Mensch bin.

Dabei kleben überall Zettel an Zäunen, dass ein altes Haus zu verkaufen wäre, und auch Marinas Gemüsegarten war schon zum Tode verurteilt, nicht wahr?

– Wirst du es Katja erlauben zu bauen?

– Ja.

Es ist gar keine schlechte Idee, sagt Marina, und malt mir ihr Alter aus, in ihren Zimmern und mit der großen Bibliothek, die im Schuppen aus einer Seemannskiste noch nicht einmal ausgepackt ist – allein schon den ganzen Gorki besitzt sie: dreißig Bände! –, in diesen Büchern wird sie dann lesen, endlich, und alle werden rings um sie sein und es lernen zusammenzuleben.

– Das glaubst du doch selber nicht! Wo jeder inzwischen verlockt wird, nur noch an sich zu denken?

– Wir sind anders.

– Ihr Russen? Dann warte mal ab, sage ich. – Warte mal ab.

Aber Marina wartet ja nicht, ich weiß es, sie freut sich schon auf die Aussichten.

– Sie werden es lernen. Sie müssen. Was denkst denn du, was noch kommt?

Am Tage, und das wird schon beinahe der letzte Tag sein hier für mich, klingelt Marinas Handy. Ihre Schwester lädt uns zum Tee.

– Wohin?

– In unser altes Haus.

– Das von dem Geld für die Uhr gebaut ist?

– Genau das.

In der Mittagssonne laufen wir durch eine weite Ebene, querfeldein, wie es im Deutschen heißt, wie es bei uns aber nie-

mand mehr tut. Hier jedoch steigen wir wirklich über Wiese und Feld, später Zäune sogar, denn Marina will den Weg ihrer Kindheit gehen, den üblichen Weg eben, und es ärgert sie, dass er zugebaut ist, und verschlagen, verstellt.
– Ich kenne hier jeden Stein, wiederholt sie immer wieder, ich bin nur lange nicht hier gewesen, und wir erreichen das Ziel dann tatsächlich annähernd auf dem Pfade, den das kleine Mädchen im Pelzmantel einmal gelaufen war.

Das Haus steht schief und verwittert hinter einem schiefen Zaun. Eine gebeugte Frau öffnet die Tür, und gleich huscht auch ein winziger Knabe heraus, der Enkel. Die Schwestern umarmen sich, sie sehen sich kaum noch, denn auch die Schwester arbeitet noch und zwar an einer Tankstelle. Dieses Haus hier wird nur als Datscha benutzt, und das selten. Vor dem Haus liegt Spielzeug herum. Ein Bagger, ein Ball, ein Schießgewehr, ich werfe dem Jungen den Ball zu, er fängt ihn auf, einmal, zweimal, und will nicht mehr.

Was hatte Marina mir alles erzählt von ihrer Kindheit, von Sonntagsausflügen nach Moskau mit den Eltern, in die herrliche WDNCH, wo sie Eis aßen, frische Melone, von den Näharbeiten der Mutter und deren großen Erträgen aus dem Gemüsegarten rings um das Haus – nichts davon ist mehr zu spüren, zu sehen.
Ein kaputtes Haus, eine stopplige Wiese.

Die stille Frau, die uns jetzt einen Tee kocht, war einmal das Mädchen gewesen, das bei der buckligen Lehrerin mit angehaltenem Atem ihr erstes Blatt Papier beschrieben hat, am Anfang

des Lebens. Jetzt ist ihr einziger Sohn gestorben, klammert sich ein kleiner Enkelsohn an ihre Beine, der keinen Vater mehr hat, von der Decke hängt ein Tapetenstreifen. Da hat es durchgeregnet. Nein, hier wohnte das Glück nicht mehr.
Wir trinken den Tee und gehen.

Auf diesem Rückweg kein Wort von so vielen denkbaren traurigen Reden über das Schicksal der Schwester, des Enkels, es ist nun mal so und es ist nicht zu ändern.
Auch ich stelle keine Fragen danach, warum hier in Russland so viele Männer so jung schon sterben, verschwinden, zugrunde gehen. Noch einmal durch das Gebüsch uns schlagen wollen wir nicht, wir laufen auf der Chaussee zurück, also am Rande der Ebene und auf der Höhe, in einem großen Bogen. Die Sonne scheint.

Wie damals auf dem Weg zum Friedhof zeigt mir Marina von hier oben noch einmal, wo alle die Dörfer liegen, in denen sie gelebt hat und ihre Großeltern auch, ihre kleine Heimat sei das, neben der großen, die jeder doch hat, und diese Weite in ihrem Leben hier ringsherum, die begeistert sie, sie beginnt zu singen. Sie läuft auf der Höhe und singt.

Es ist ein Bild, wie ich es von den bunten Zeichnungen der Expressionisten kenne: Marina in lauter Strahlen!
Die Chaussee vor ihr ist ein Strahl und die Chaussee hinter ihr ist ein anderer Strahl und die Streifen der Saaten im Hintergrund sind Strahlen, die Sonne am knallblauen Himmel dazu, und wie es sich auf solchen Zeichnungen gehört, zumal in der russischen Avantgarde, fährt ein Stück Technik ins Bild – ein

Mann auf einem Motorrad, hebt lässig die Hand im Vorbeibrausen – war das nicht Sascha? Hatten da nicht zwei Männer auf dem Motorrad gesessen? – und schon pfeift das technische Prunkstück expressionistisch exakt auf dem Gegenstrahl aus dem Bild, tatsächlich Sascha, da klingelt Marinas Handy.
Die Verkäuferin der Augentabletten will wissen, ob das Mittel schon wirkt. Marina versteht nicht.
– Wie bitte, was? Eine Träne? Welche Träne soll sich denn zeigen?
Hineinhorchen? Ich soll in mich hineinhorchen?!
Ja hören Sie mal, ich habe gerade Besuch aus Deutschland, und den werde ich morgen zum Flugplatz bringen und in drei Tagen, da fliege ich selber, wie soll ich da in mich hineinhorchen bitte?!
Dabei lacht sie, Marina, kann fast nicht mehr Laufen vor Lachen – die Tränen, sagt sie leise zu mir, jetzt laufen sie!
– Und übrigens, das Mittel wird anderswo billiger verkauft als bei Ihnen, ich habe Sie für eine Betrügerin gehalten, wissen Sie das?
Die verschiedenen Vertriebsformen der Firma kommen jetzt zur Sprache, auf diesem Hügel, in diesem Licht, die verschiedenen Preise, Marina läuft weiter beim Reden und es laufen mit der Himmel, die Felder, die Asphaltchaussee, und wenn das Gespräch beendet ist, singt sie wieder.

Langsam wendet der hohe Bogen der Straße, wir laufen nun tiefer, am Friedhof vorbei, an einem Ferienlager, das leer steht seit langem, und gegenüber die neu gebaute Einfamilienhaus-Siedlung mit Zaun drum herum, die steht ebenfalls leer, am Kiefernwald quietscht etwas hinter uns, bremst, wieder ein

Motorrad. Sascha. Schiebt den Helm hoch, und das erinnert mich an jemanden. Hat gerade einen Freund nach Hause gefahren, der ist krank geworden, da hilft er natürlich.
Marina streng:
– Du musst mir Holz sortieren.
– Hm.
– Heute.
– Hm.
– Noch bevor es dunkel wird, hörst du?
– Hm.

Und startet durch – wusch! ist er losgefahren, und jetzt weiß ich auch, an wen er mich erinnert: Gagarin!
– Ähnelt er nicht eurem Juri Gagarin?
Marina lacht auf vor Freude.
– Gagarin?! Meinst du wirklich? Gagarin, so, so, ja, es könnte sein, also wenn du meinst, also du denkst, ja vielleicht, also …
– Er war sehr sympathisch, sage ich.
– Sympathisch?!
Nein, das genügt ihr nicht, nur einfach sympathisch.
– Wir haben ihn geliebt.
Wir haben ihn alle geliebt!
Ach was – die ganze Welt hat ihn geliebt!

Der kleine Gagarin währenddessen fliegt in einer Staubwolke weit vor uns den Hang hinunter und dem Dorf seiner Großmutter entgegen, die ihm von der Höhe zusieht dabei.

– Ach, wie er mir gefällt!
Wird ein richtiger Mann, keine Memme. Wie schön, dass er ein Motorrad hat! Wir haben alle zusammengelegt, damit er das haben kann wie die anderen auch, und ich freue mich so darüber! Er ist frei, er ist stark, und du siehst, wie er über die Hügel fuhr, wie er dem Freund helfen kann, das ist keine Verwöhnung, wirklich nicht, das ist das Glück!

Und ich hoffe einfach, er macht das Beste daraus.

So sehe ich sie immer noch laufen, als ob sie über einen hohen Bogen läuft in der Sonne – Marina.
Ein Leben lang meistens allein mit zwei Kindern, und den Enkel hatte sie großgezogen, die Tochter betreut, als die Witwe wurde, die Mutter versorgt, die Schwester beraten, und sie würde auch noch die kleine Dascha großziehen, wenn das getan werden müsste. Marina, die so gern in den Süden fährt, seit sie diese Freiheit hat, in ferne Länder, und die einige auch schon gesehen hat seitdem und die Menschen dazu und immer von ihnen lernen will, und als Russin natürlich sie alle belehrt – da läuft sie, in dem Strahlenbild der Expressionisten wie über einen Bogen, sie, die die hundert Jahre seitdem längst verworfen hat – da läuft sie und dreht sich nicht um.

*

Abreise Moskau im Juli. Flughafen Domodedowo, bis zum Abflug drei Stunden Zeit. Draußen Hitze, hier drinnen die Halle ein riesiger Korridor voll kühlem Wind.
Darin stehe ich plötzlich alleine da, erst vor und dann hinter der Passkontrolle.
Es sind junge Frauen, die in den Buden sitzen und sich verstohlen schnell mal etwas zeigen, was eine gerade gekauft hat, dann aber wieder ernst und streng unsere Pässe lesen und ablichten und etwas eintippen, und schon bin ich draußen.
Entlassen aus Russland, aber ich bin doch noch drin!
Ich hab meinen Kopf in der Metro vergessen! --- Achtung! --- Die Türen schließen selbstständig! --- Verehrte Fahrgäste! --- Ich hab meinen Kopf in der Metro vergessen, ich muss wieder zurück, und das geht nicht. Es geht nicht.
Ich habe den zweiten Stempel bereits, die Ausreise. Nicht zum ersten Mal.
Nicht zum ersten Mal wieder allein.

Was aber jetzt ist, das war mir noch nie passiert – ich habe Durst.
Einen so irren, einen so riesigen Durst, dass ich es wirklich nicht aushalten würde, drei Stunden zu warten, und in dem Flugzeug dann noch eine Stunde, bis sie endlich ihr Becherlein Wasser mir reichen würden, das geht nicht, geht auf gar keinen Fall, aber hier geht auch nichts, denn wo es zu essen, zu trinken gibt, da nehmen sie nur Rubel an, und wo sie Euro annehmen, da gibt's nichts zu trinken und sie geben nur Euro dort wieder heraus, wenn sie Geld kriegen, das müssen sie, werden streng bewacht, also es ist nichts zu machen, an keinem Stand und in keinem Café.

Sogar wenn ich warte, bis eine Kassiererin mal ganz allein vor ihrer Kasse sitzt, und ich flüster, ob sie nicht ausnahmsweise mal tauschen könnte, Euro gegen Rubel, schüttelt sie streng nur den Kopf, ich muss wohl verdursten, da hör ich das Wort: »*Kartotschka*«.

Karte! Die Karte! Ich kann mit Karte bezahlen, natürlich, sofort, und das mache ich auch: Ein Bier!

– Heineken?, fragt der Barmann, und weil es ja sein könnte, dass das Bier noch zu wenig kostet für eine Kartenzahlung, geh ich zum Kuchenbuffet und wähl mir auch dort noch was aus: Schokoladentorte. Ein Stück Schokoladentorte.

Das war meine letzte Mahlzeit in Moskau. Das Holländerbier mit dem roten Stern und die schwarze, russische Torte.

Das Bier konnte besser nicht sein, und wer, bitte, wer schlägt Russland schon auf der Tortenstrecke? Niemand.

Aber niemand frisst Torte zum Bier, zumal die fette, die schwarze, denn Fressen hätte man dazu sagen müssen, was ich hier tat, Torte schlucken in großen Happen, und in großen Schlucken das Bier hinterher, kalt war beides, zu kalt, und so übel, wie es mir bald darauf wurde, so egal war's mir auch, mir war alles egal, denn während ich so auf die Halle starrte, die ein Korridor war, voller eiliger, ernster Personen, da sah ich etwas. Ich sah, wie Menschen sich zunicken und dann weitergehn. Ein Schritt und man sieht sie nicht mehr, sie sind weg!

Wie Blätter im Wind dieser Klimaanlagen, so nickten und so verschwanden hier Menschen, einer nach dem anderen, in die Luft geschossen und weg! Kohlenstoffverbindungen, die zerfallen werden.

Erst als am Nebentisch drei Mädchen und ein junger Mann

sich setzten und eine Flasche Rotwein öffneten, so wie richtige Menschen eben, und dann feierlich ihre Gläser hoben und damit anstießen, erst da verstand ich es: Abschied.
Die Stunde des Abschieds war da.

Ein Abschied, an dem ich noch würgen sollte, an dem kühlen Bier und der eiskalten Torte, aber bei all den Bauchschmerzen in der Nacht dachte ich daran, dass vor allem die schönen Buchstaben mir fehlen würden an den Häusern und Werbeflächen – das umgedrehte R zum Beispiel, das dort »ja« ausgesprochen wird, »ja«, was übrigens »ich« heißt, für sich genommen, ein »ja« ist ein »ich«, und das JU würde mir auch fehlen in der Öffentlichkeit, dieser Buchstabe, den wir nicht haben, und der andere sowieso, der Käferbuchstabe, den man gar nicht umschreiben kann, und wie vergnügt sie aussehen, diese verdrehten, vergrößerten, zusätzlich mit Schwänzchen und Kreisen versehenen Wörter, und die privaten Kleinbusse, wie sie mir fehlen werden, mit den handgeschriebenen Fahrtzielen und Stationen, und die Metro, die Metro natürlich, denn später, zu Hause, fielen mir immer noch, immer wieder die schönen, die ruhigen Stimmen ein --- Achtung! --- Die Türen schließen selbstständig! --- Verehrte Fahrgäste! Machen Sie Plätze frei für Behinderte, alte Leute und hilflose Personen! --- Die nächste Haltestelle ist die Station MAJAKOWSKAJA! ---

Aber dafür braucht es einen Genius, um die Metro zu beschreiben, die Metro von Moskau, und wie auf jedem Gleise jeder Station jede Minute ein Zug hereinzischt, und alle die Türen von allen den Zügen sich selbstständig öffnen und schließen und alle die Stimmen in all den Wagen immer dasselbe uns sagen, auch jetzt, wo ich hier an der Schreibmaschine meine Sätze tippe, und auch dann, wenn jemand sie liest in dem Buch, das bald auch gedruckt wird, und noch wenn ich tot bin, und auch er, dieser Leser, vergangen ist, um die Ecke gegangen, eine Kohlenstoffverbindung, die zerfallen wird, auch dann rollt unter Moskau die Kugel, das endlose Band, so wie jetzt, wie in diesen Minuten --- Achtung! --- Die Türen schließen selbstständig! --- Verehrte Fahrgäste! Machen Sie Plätze frei für Behinderte, alte Leute und hilflose Personen! --- Die nächste Haltestelle ist ---

Dieses Buch entstand mit freundlicher Unterstützung des
»Grenzgänger-Stipendiums« der Robert-Bosch-Stiftung.

MIX
Papier aus verantwortungsvollen Quellen
FSC® C083411

© Berlin Verlag in der Piper Verlag GmbH, München 2013
Alle Rechte vorbehalten
Umschlaggestaltung: ZERO – Werbeagentur, München
Typografie: Birgit Thiel, Berlin
Gesetzt aus der Garamond von Greiner & Reichel, Köln
Druck und Bindung: CPI – Clausen & Bosse, Leck
Printed in Germany
ISBN 978-3-8270-1138-1

www.berlinverlag.de

IRINA LIEBMANN

Wäre es schön? Es wäre schön! Mein Vater Rudolf Herrnstadt

Er war leidenschaftlich und ironisch, humorvoll und radikal, einer der glänzendsten Journalisten, die Deutschland hatte, aber er wollte mehr. Und er stellte sich in den Dienst einer ehrgeizigen Aufgabe: eine Gesellschaft aufzubauen, in der jeder Einzelne seine Fähigkeiten entfalten kann. Mit dieser Vision musste Rudolf Herrnstadt tragisch scheitern. *Wäre es schön? Es wäre schön!* ist die Biografie dieses restlos engagierten Menschen, der Kommunist war und zugleich Spion für die Rote Armee, die Parteizeitung der DDR leitete und schließlich aus der SED ausgeschlossen wurde. Ein brillant entworfenes, fesselndes Epochenbild, in dem Irina Liebmann ihren Vater als großen Akteur der Zeitgeschichte vorstellt.

Ein großes Buch über den Kommunisten Rudolf Herrnstadt und zugleich eine Geschichte des 20. Jahrhunderts.«

(*Literarische Welt*)

»Irina Liebmann hat ein großartiges Buch über ihren Vater geschrieben.« (*FAZ*)

»Ein riesiger Stoff, ein großer Spannungsbogen – ergreifend und mitreißend vom Anfang bis zum Schluss.« (*Focus*)

BERLIN VERLAG

IRINA LIEBMANN

Die freien Frauen

Roman

Irina Liebmanns Roman steht in der Tradition der deutschen fantastischen Erzählung. In einem beinahe altmodischen, weit gespannten Erzählton erfahren wir die Geschichte von Elisabeth Schlosser, die sich auf den Weg macht, ihren erwachsenen Sohn zu retten, und dabei in eine Welt der Gespenster gleitet. Eine wunderbare literarische Erkundung über die Grenzen der weiblichen Freiheit.

» Dies in starken allegorischen Bildern, im Ton einer zeitgemäßen Alters-Elegie zu erzählen ist die große diagnostische Kraft des neuen Romans von Irina Liebmann.« (*Die Zeit*)

BERLIN VERLAG